― はじめに ―
海外旅行・海外
安全対策のた

☑ パスポートのコピーをとっておく
万一失った場合、パスポートの再発行を少しでも円滑に運ぶためです。

☑ 航空券のコピーをとっておく
少しでもスムーズに航空券を再発行するためです。

☑ クレジットカードの両面のコピーをとっておく
盗難・紛失時は「利用停止」にしてもらいましょう。

☑ 携帯電話会社の電話番号をメモしておく
カメラ機能を使う人は盗難に注意！もし失った場合はすぐに「利用停止」の電話をかけましょう。

☑ 海外旅行先の現地病院をメモしておく
事前に日本語対応スタッフがいるような大きい病院を調べておくと安心です。

☑ 大使館の場所や連絡先をメモしておく
パスポートの再発行などで必要になります。

☑ 現地警察に声をかけられたら、ポケットに手を入れてはいけない！
アメリカのように銃を所持することが許されている国では注意！たとえばスピードの出しすぎやシートベルトの無着用によってパトカーに止められたとします。そのとき運転免許証を取り出そうとカバンやポケットの中を探る行為は、相手の警官にとっては凶器を取り出そうとしているように見えます。非常に危険。

☑ 高価なものは持ち歩かない！
iPhoneなど携帯電話の中古品市場が高騰していることから、持っているだけで窃盗のターゲットにされてしまいます。カメラとして使用している旅行者から奪い、高額で売ることができるからです。高価なものをちらつかせないようにしましょう。

CONTENTS

海外旅行・海外出張の安全対策のために……………………………………………1
本書の使い方……………………………………………………………………………4

出発24時間前編

命を守る5つの基本フレーズ ……………………………………………………6
盗難・紛失時の3フレーズ ………………………………………………………11
痛み・症状を伝える3フレーズ …………………………………………………14
超緊急事態 EMERGENCY のミニフレーズ …………………………………17
緊急時に相手がよく言うミニフレーズ ………………………………………18
強盗・詐欺に遭ったときのミニフレーズ ……………………………………19
強盗が言ってくるフレーズ ………………………………………………………20
道に迷ったときのミニフレーズ …………………………………………………21
しつこい勧誘などを断るときのミニフレーズ ………………………………22
とっさのときのキーフレーズ 10 ………………………………………………23

場面別トラブルシーン編

● 空港・機内 ……………………………………………………33

いよいよ現地空港に到着です！しかしどこで荷物を受け取るのでしょうか… 34／20分待っても、荷物が出てくる気配がありません 35／トイレが心配なので、通路側の席がいいのですが… 39／長い待ち時間の中、急にお腹が痛くなってきた… 39／空港で気分が悪くなってきた…薬を探そう 40／雪の影響で乗り換え空港にかなり遅れて到着…乗り換えまでにあまり時間がない 41／手提げポーチを洗面台の角に置いて化粧をしていたら、いつの間にかポーチが消えていた… 42／火災があったと騒ぎが…そっちに気を奪われているうちに荷物が消えた… 43／現地に到着し、入国手続きをしようと思ったらパスポートがない… 44／腰が痛いのでシートを倒したい。でも真後ろに座っているお客さんがいます… 46／上着は持っていますが、それ以上に機内が冷えます… 47／lost&found で失った貴重品が届いてないか聞く… 48／英語でいろいろ言われてもよく分からない… 49

● ホテル ... 51

やっとのことで夕方にホテルに到着！ひとっ風呂あびてリフレッシュしたいのに… 52 ／日中、遊び回って、ホテルに帰ってきたら体調が悪く… 56 ／ホテルの Wifi にアクセスできない… 57 ／隣の部屋の客が騒いでいる。うるさすぎて眠れません… 58 ／部屋に不審者が侵入している… 59 ／頼んだ覚えのない修理人が来た。見るからに怪しい… 61

● 外出 ... 65

街中で腹痛に。薬局に飛び込む 66 ／写真を撮ってあげると言われてカメラを渡したら逃げられた… 68 ／「烏のフンがついているよ。拭いてあげるよ」とタオルを持った人が体を触ろうとする… 68 ／電車から降り、カバンに手をやると、いつの間にかジッパーが開いていた… 70 ／クレジットカードを奪われた！クレジットカードをいますぐ止めなければ… 71 ／街を歩いていたらひったくりに遭った… 73

● レンタカー・アクティビティ ... 75

ずっと楽しみにしていた友人との旅行。しかし早速、車のタイヤがパンクしてしまいました… 76 ／うっかり一晩ライトをつけっぱなしに…。バッテリーがあがってしまいました… 77 ／駐車禁止エリアに車を置いていた結果… 78 ／車の様子がおかしいと思ったら、煙が出ています 80 ／ちょっとした不注意で接触事故を起こしてしまいました。大事には至らなかったものの… 83 ／友人がひき逃げに遭い、目撃者として事情聴取をうけました 84 ／広い田舎町が気持ちよくて思わずスピード違反… 86 ／インラインスケートで転んで足が折ってしまった… 87 ／山にトレッキングに入ったら、子連れのクマに遭遇。友人が襲われた… 89

● レストラン ... 91

オーダーした食べ物とまったく違うものが出てきました。ここは文句を言うべし！ 92 ／支払いの際、間違ったお釣りが… 94 ／いや、お釣りはあっている！と言い張られたら… 95

● 病院 ... 97

自分ではどうにもできないほど、症状が悪化… 98 ／病院に着いて医師に症状を言う 100 ／数日間熱が下がりません。咳と鼻水もひどく、眠れない… 104 ／ひどい頭痛でまともに歩けません。市販の頭痛薬では効き目がないようなのですが… 107 ／胃がキリキリ痛む… 109 ／歯医者に診てもらいたいのに、予約がいっぱい　さぁどうする？ 112 ／具体的に痛みについて説明する… 114

● 警察 ... 123

外出中にカバンの盗難にあいました。最寄りの警察署の場所を尋ねたいのですが… 124 ／警察に事情を説明し、カバンの特徴と中身を伝えなければいけません 125 ／事故に遭遇、救急車を呼びたい… 127 ／ぜんぜん言葉が通じない…どうしよう 128

単語編 指さしでカンタン！SOS 英単語集 ... 131

緊急時の連絡先 ... 156

在外公館リスト ... 157

本書の使い方

本書は、「出発24時間前」「場面別トラブルシーン編」「指さしでカンタン！SOS英単語集」の3部構成になっています。

1) 出発24時間前

本編を始める前に、「基本フレーズ」を紹介します。各フレーズについて複数の例文（6～7文）を載せています。この例文は、「日本語→英語」の順でCDに収録されていますので、音声に続いて繰り返し言う練習をしてみましょう。出発24時間前でも間に合いますが、余裕のある人は3日～1週間前から練習すると効果的でしょう。

2) 場面別トラブルシーン編「基本フレーズ+単語」

海外旅行のシーンを「機内・空港」「ホテル」「外出」「レンタカー・アクティビティ」「レストラン」「病院」「警察」の7つに分け、各シーンの基本単語を精選して収録しました。どの単語も基本フレーズと組み合わせて使えるようになっています。

すべての例文・英単語が、「日本語→英語」の順でCDに収録されています。

3) 指さしでカンタン！SOS英単語集

旅行でよく使う単語を巻末にまとめました。相手の人に指1本で言いたいことを伝えることができます。

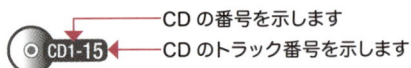

出発24時間前編

基本フレーズを知っておけば
あとは単語を入れ替えるだけ！

命を守る5つの基本フレーズ

～してください。
Please call ～
ブリーズ　コール

何かをお願いする、さまざまなシチュエーションで使えるフレーズです。ものを頼む丁寧度から言えば、Could you ～やWould you ～のほうが丁寧ではありますが、緊急時にそんなことを言っている暇はありません。短く、必要なことだけをPleaseと一緒に伝えましょう。

言ってみましょう

救急車を呼んでください。	**Please call an ambulance!** ブリーズ　コール　アン　アンビューランス
警察を呼んでください。	**Please call the police!** ブリーズ　コール　ザ　ポリス
消防車を呼んでください。	**Please call the fire department!** ブリーズ　コール　ザ　ファイア　ディパートメント
大使館に電話してください。	**Please call the embassy.** ブリーズ　コール　ディ　エンバスィ
友達に電話してください。	**Please call my friend.** ブリーズ　コール　マイ　フレンド
この番号に電話してください。	**Please call this number.** ブリーズ　コール　ディス　ナンバー
いま電話してください。	**Please call now.** ブリーズ　コール　ナウ

~はどこですか？
Where (is / are) ～?
ウェア　イズ　アー

助けを求めたり、トラブルを解決するにはどこかに行かなければならないケースが多い。そんなとき、もっともシンプルに伝えられるのがこのフレーズです。

言ってみましょう

日本大使館はどこですか？	**Where is the Japanese embassy?** ウェア　イズ　ザ　ジャパニーズ　エンバスィ
日本領事館はどこですか？	**Where is the Japanese consulate?** ウェア　イズ　ザ　ジャパニーズ　カンスレート
トイレはどこですか？	**Where is the restroom?** ウェア　イズ　ザ　レストルーム
警察署はどこですか？	**Where is the police station?** ウェア　イズ　ザ　ポリス　ステイション
交番（警察官）はどこですか？	**Where are the police officers?** ウェア　アー　ザ　ポリス　オフィサーズ
私のカバンはどこ？	**Where is my bag?** ウェア　イズ　マイ　バッグ
ATMはどこにありますか？	**Where are ATMs?** ウェア　アー　エイティエムズ

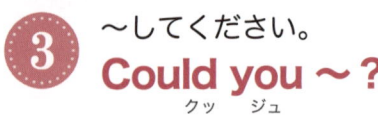

~してください。
Could you ~?
クッ ジュ

旅先ではほとんどの人との出会いが初対面でしょう。そのためきちんと丁寧なお願いのしかたをしたい場合は、Could you ~が万能です。

言ってみましょう

助けてください。	**Could you help me?** クッジュ ヘウプ ミー
病院に連れて言ってもらえますか。	**Could you take me to a hospital?** クッジュ テイク ミー トゥ ア ホスピトウ
電話を貸してください。	**Could you lend me your phone?** クッジュ レンド ミー ユア フォン
ドアを開けていただいてもいいですか。	**Could you open the door?** クッジュ オープン ザ ドア
水を一杯いただけますか。	**Could you get me a glass of water?** クッジュ ゲッ ミー ア グラス オブ ウォーター
もう一回言っていただけますか。	**Could you say that one more time?** クッジュ セイ ザッ ワン モア タイム
カードを再発行してください。	**Could you reissue my card?** クッジュ リィーイッシュー マイ カード

4 間違えて〜する。
I accidentally 〜.

故意に起こした事故やトラブルでなければ、このaccidentallyをぜひ覚えて使ってください。偶然にしてしまったことに対して、相手も寛容に受け止めてくれるでしょう。

言ってみましょう

私は間違えて部屋の鍵を失くしてしまいました。	I accidentally lost the room key.
私は間違えてその窓を割ってしまいました。	I accidentally broke that window.
私は誤ってあなたの車を傷つけてしまいました。	I accidentally damage your car.
私は誤って大量の薬を飲んでしまいました。（薬を飲みすぎて）	I accidentally swallowed too many pills.
私は誤って彼にぶつかってしまいました。	I accidentally hit him.
私の不注意で、そのメールを消去してしまいました。	I accidentally deleted that email.

5 ～する必要がある。
I need ～.
アイ　ニード

自分の求めていることを伝えるのにもっともシンプルな言い方です。

言ってみましょう

警察官と話をする必要があります。	**I need to speak with a police officer.** アイ　ニード　トゥ　スピーク　ウィズ　ア　ポリス　オフィサー
通訳者が必要です。	**I need an interpreter.** アイ　ニード　ア　ンインタープリター
助けが必要です。	**I need help.** アイ　ニード　ヘゥプ
救急箱が必要です。	**I need a first aid kit.** アイ　ニード　ア　ファースト　エイド　キット
薬が必要です。	**I need some medicine.** アイ　ニード　サム　メディスン
	※ medicine は不可算名詞なので複数形のsを付けません。
電話が必要です。	**I need a telephone.** アイ　ニード　ア　テレフォン
家族に会う必要があります。	**I need to see my family.** アイ　ニード　トゥ　スィー　マイ　ファミリィ

盗難・紛失時の3フレーズ

  ～を盗まれました。
～ was stolen.
ワズ　　ストーレン

盗難のターゲットになったときは「奪われた物＋was stolen.」で伝えます。

言ってみましょう

カバンを盗まれました。	**My bag** was stolen.
腕時計を盗まれました。	**My watch** was stolen.
航空券を盗まれました。	**My air ticket** was stolen.
クレジットカードを盗まれました。	**My credit card** was stolen.
財布を盗まれました。	**My wallet** was stolen.
レンタカーのカギを盗まれました。	**My rental car's key** was stolen.
自転車を盗まれました。	**My bicycle** was stolen.

～がなくなりました。
～ is missing.

誰かに奪われたというより、置き引きなどで気づかないうちに所有物が消えていたという場合はこのフレーズを使います。

言ってみましょう

カメラがなくなりました。	**My camera is missing.**
スマートフォンがなくなりました。	**My smartphone is missing.**
ネックレスがなくなりました。	**My necklace is missing.**
小銭入れがなくなりました。	**My coin case is missing.**
傘がなくなりました。	**My umbrella is missing.**
コートがなくなりました。	**My coat is missing.**
水着がなくなりました。	**My swimsuit is missing.**
靴がなくなりました。	**My shoes are missing.**

※靴は2足1組で複数形になります。

3 ～をなくしました。
I lost ～.
アイ ロスト

自分でなくしてしまった場合はlose（失う）の過去形lostを使います。

言ってみましょう

部屋のカギをなくしました。	**I lost my room key.** アイ ロスト マイ ルーム キー
国際免許証をなくしました。	**I lost my international driver's license.** アイ ロスト マイ インターナショナル ドライヴァーズ ライセンス
入場券をなくしました。	**I lost my admission ticket.** アイ ロスト マイ アドミッション ティケット
切符をなくしました。	**I lost my ticket.** アイ ロスト マイ ティケット
回数券をなくしました。	**I lost a book of tickets.** アイ ロスト ア ブック オブ ティケッツ
ノートパソコンをなくしました。	**I lost my laptop.** アイ ロスト マイ ラップタップ
街の地図をなくしました。	**I lost the city map.** アイ ロスト ザ シティ マップ

痛み・症状を伝える3フレーズ

～が痛い。
My ～ hurts.
マイ　　　　ハーツ

hurts（痛い）の前に痛いところの名称を付けるだけです。人称代名詞は自分のことを言うときはMy、「彼の～」はHis、「彼女の～」はHerです。

言ってみましょう

お腹が痛いです。　　　　　　**My stomach hurts.**
　　　　　　　　　　　　　　　マイ　　スタマック　　ハーツ

頭が痛いです。　　　　　　　**My head hurts.**
　　　　　　　　　　　　　　　マイ　　ヘッド　　ハーツ

ひじが痛いです。　　　　　　**My elbow hurts.**
　　　　　　　　　　　　　　　マイ　　エルボウ　　ハーツ

胸が痛いです。　　　　　　　**My chest hurts.**
　　　　　　　　　　　　　　　マイ　　チェスト　　ハーツ

背中が痛いです。　　　　　　**My back hurts.**
　　　　　　　　　　　　　　　マイ　　バック　　ハーツ

腕が痛いです。　　　　　　　**My arm hurts.**
　　　　　　　　　　　　　　　マイ　　アーム　　ハーツ

歯が痛いです。　　　　　　　**My tooth hurts.**
　　　　　　　　　　　　　　　マイ　　トゥース　　ハーツ

～が痛い／～な状態です。
I have ～.
アイ　ハヴ

痛いところの器官名にache(エイク)を付けると「痛い」になります。

言ってみましょう

お腹（胃）が痛いです。	**I have a stomachache.** アイ ハヴ ア スタマックエイク
頭が痛いです。	**I have a headache.** アイ ハヴ ア ヘッドエイク
背中が痛い（腰痛）です。	**I have a backache.** アイ ハヴ ア バックエイク
のどが痛いです。	**I have a sore throat.** アイ ハヴ ア ソア スロート
風邪をひいています。	**I have a cold.** アイ ハヴ ア コールド
せきが出ます。	**I have a cough.** アイ ハヴ ア コーフ
下痢をしています。	**I have diarrhea.** アイ ハヴ ダイアリーア
熱があります。	**I have a fever.** アイ ハヴ ア フィーヴァー
便秘です。	**I have constipation.** アイ ハヴ カンスティペイション

3 ～がする（感じる）。
I feel ～.
アイ フィール

feelのあとに症状を付け足すだけの、とてもシンプルな表現です。

言ってみましょう

めまいがする。	**I feel dizzy.** アイ フィール ディズィ
気分が悪い。	**I feel sick.** アイ フィール スィック
だるい。	**I feel heavy.** アイ フィール ヘヴィ
吐き気がする。	**I feel nauseated.** アイ フィール ノーズィエイティッド
熱がある。	**I feel feverish.** アイ フィール フィーヴァリッシ
寒気がする。	**I feel cold.** アイ フィール コールド
とても眠い。	**I feel very sleepy.** アイ フィール ベリー スリーピィ
のどが渇く。	**I feel thirsty.** アイ フィール サースティ

超緊急事態 EMERGENCY の ミニフレーズ

1 助けてー！
Help!
ヘゥプ
※どんな緊急事態でも使えます。

2 誰か来てー！
Somebody!
サムバディ

3 救急車を呼んで！
Call an ambulance!
コール ア ナンビューランス

4 消防車を呼んで！
Call 911 !
コール ナインワンワン
※国によって番号が違います。（参照p156）
※警察も同じです。

5 あぶない！
Watch out!
ウォッ チャウッ

6 急いで！
Hurry!
ハリー

7 走れ！
Run!
ラン

8 やめてください！
Stop!
スタップ

9 火事だ！
Fire!
ファイア

10 警官を呼んで！
Call the police!
コール ザ ポリス

11 緊急です！
Emergency!
イマージェンスィ

12 いま困っています。
I'm in trouble now.
アイム イン トラブル ナウ

緊急時に相手がよく言う ミニフレーズ

1 動くな！

Freeze!
フリーズ

※Pleaseと聞きまちがえないように。

Don't move!
ドン　ムーヴ

Hold it!
ホール　ディッ

---

2 手を上げろ！

Hands up!
ハンズ　アップ

Put your hands up!
プッ　チュア　ハンズ　アップ

---

3 ひざまづけ！

Get on your knees!
ゲ　ロン　ユア　ニーズ

---

4 伏せろ！

Get down!
ゲッ　ダウン

※聞き逃すと命を落とすことにもなりかねませんので耳を慣らしておきましょう。

---

5 失せろ！

Beat it!
ビーティッ

Get out of here!
ゲット　アウ　タヴ　ヒア

---

6 近寄るな！

Stay away!
ステイ　アウェイ

---

7 行け！

Go!
ゴー

強盗・詐欺に遭ったときの ミニフレーズ

1 助けて！警察を呼んでください。　Help! Please call the police.
　　　　　　　　　　　　　　　　　ヘゥプ　プリーズ　コール　ダ　ポリス

2 泥棒！　Thief!
　　　　　スィーフ

　　　　　Robber!
　　　　　ラヴァー

3 捕まえて！　Stop him!
　　　　　　　スタッ　ビム

　　　　　　　Stop them!
　　　　　　　スタッ　ベム

　　　　　　　※相手が複数の場合はthem

　　　　　　　Catch him!
　　　　　　　キャッ　チェム

4 お金を盗まれました！　My money was stolen!
　　　　　　　　　　　　マイ　マニィ　ワズ　ストーレン

5 助けてください！　Help me, please!
　　　　　　　　　　ヘゥプ　ミー　プリーズ

6 こっち来て！　Come here!
　　　　　　　　カム　ヒア

7 だまされてお金を盗られました。　I was tricked. My money is gone.
　　　　　　　　　　　　　　　　　アイ　ワズ　トリックドゥ　マイ　マニィ　イズ　ゴーン

強盗が言ってくる フレーズ

1	そいつを渡せ！	Hand that over!
2	バッグをよこせ！	Give me your bag!
3	金を（全部）出せ！	Hand it all over!
4	金をよこせ！	Your money!
		Give me all your money!
5	これで全部か？	Is this all?
6	（返答）それで全部です。	This is it.
7	（返答）それで全部です。	It's all I have.

　万が一、凶器を持った相手が脅してきた場合は抵抗せずに所持品を差し出すのが安全です。旅行保険に入っておけば金銭的な損失は帰国後に解決します。現地では命の方が大切です。保険会社に損害を請求するために現地の警察署で被害証明書を発行してもらう必要があります。

道に迷ったときの ミニフレーズ

1 ここはどこですか。 　　Where am I?
　　　　　　　　　　　　ウェア　アム　アイ

2 道に迷ったんです！ 　　I'm lost!
　　　　　　　　　　　　アイム　ロスト

3 どこでタクシーはつかまりますか。　Where can I get a taxi?
　　　　　　　　　　　　　　　　　ウェア　キャナイ　ゲ タ タクシィ

4 南はどっちですか。 　　Which way is south?
　　　　　　　　　　　　ウィッチ　ウェイ　イズ　サウス

5 なにか目印はありますか。　Are there any landmarks?
　　　　　　　　　　　　　アー　ゼア　エニィ　ランドマークス

6 どこかに地図はありませんか。　Is there a map somewhere?
　　　　　　　　　　　　　　　イズ　ゼア　ア　マップ　サムウェア

方角・位置の英単語

北：north　　　　　右：right
　　ノース　　　　　　　　ライト
南：south　　　　　左：left
　　サウス　　　　　　　　レフト
東：east　　　　　 前・前面：front
　　イースト　　　　　　　　　　フロント
西：west　　　　　後ろ・背面：back
　　ウエスト　　　　　　　　　　　バック

しつこい勧誘などを断るときのミニフレーズ

1 いいえ、結構です。

No, thank you.
ノー　セン　キュー

※断るときの基本フレーズです。どんな場面でも使うことができるので非常に便利なフレーズ。

---

2 絶対にいりません。

I don't want it.
アイ　ドン　ウォンティット

※No thank youでは語調が弱く、しつこい人を追い払えない場合があります。そんなのときはハッキリと断ります。

---

3 興味ありません。

I'm not interested.
アイム　ナッ　インタレスティッド

4 ほっといてください。

Leave me alone.
リーヴ　ミー　アローン

---

5 そうしたいけどダメです。

I wish I could.
アイ　ウィシュ　アイ　クッ

※直訳すると「わたしが～できることを望む」で、「そうできたらいいんだけどね」といった軽い断り方になります。

---

6 イヤです！

Never!
ネヴァー

※断固としてイヤな時ははっきりと「Never」と言いましょう。

とっさのときのキーフレーズ10

盗難や事故にあったとき、緊張や焦りでなかなか言葉を発することができないことがあるでしょう。そんな切羽詰まった状況でも、決まり文句のようなキーフレーズであれば、パッと口をついて出てくるはずです。

 ～に連絡してください。
Please contact ～.
プリーズ　　　コンタクト

言ってみましょう

日本大使館に連絡してください。	**Please contact the Japanese embassy.** プリーズ　コンタクト　ザ　ジャパニーズ　エンバシィ
日本領事館に連絡してください。	**Please contact the Japanese consulate.** プリーズ　コンタクト　ザ　ジャパニーズ　カンスレート
クレジットカード会社に連絡してください。	**Please contact the credit card company.** プリーズ　コンタクト　ザ　クレディ　カード　カンパニィ
ホテルに連絡してください。	**Please contact the hotel.** プリーズ　コンタクト　ザ　ホテル
通訳者に連絡してください。	**Please contact the interpreter.** プリーズ　コンタクト　ディ　インタプリター

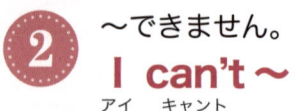

～できません。
I can't ～.
アイ　キャント

言ってみましょう

荷物が見つかりません。	**I can't find my baggage.** アイ　キャント　ファインド　マイ　バゲージ
部屋のドアが開けられません。	**I can't open the door to my room.** アイ　キャント　オープン　ザ　ドア　トゥ　マイ　ルーム
一人では病院に行けません。	**I can't go to the hospital alone.** アイ　キャント　ゴー　トゥ　ザ　ホスピタウ　アローン
あなたの話すスピードについていけません。	**I can't follow your quickly spoken English.** アイ　キャント　フォロウ　ユア　クイックリィ　スポークン　イングリッシュ
あなたの言うことが理解できません。	**I can't understand what you are saying.** アイ　キャント　アンダースタンド　ワッ　チュー　アー　セイイング
どこで落としたのか思い出せません（覚えていません）。	**I can't remember where I lost it.** アイ　キャント　リメンバー　ウェア　アイ　ロスト　イット
店の名前は覚えていません（思い出せません）。	**I can't recall the store's name.** アイ　キャント　リコール　ザ　ストアズ　ネーム

言ってみましょう

電話（携帯電話）を借りてもいいですか。	**Can I borrow your cell phone?** キャ ナイ ボロウ ユア セル フォン
日本語を話せる方はいらっしゃいますか。	**Can I see someone who speaks Japanese?** キャ ナイ スィー サムワン フー スピークス ジャパニーズ
お水をもらえますか。	**Can I have some water?** キャ ナイ ハヴ サム ワラ
薬をもらえますか。	**Can I have some medicine?** キャ ナイ ハヴ サム メディスン
日本円で払っていいですか。	**Can I pay in Japanese yen?** キャ ナイ ペイ イン ジャパニーズ イェン
予約できますか。	**Can I make a reservation?** キャ ナイ メイ カ リザヴェイション
領収書をもらえますか。	**Can I have a receipt?** キャ ナイ ハヴァ レシート

～をお願いします。
～ , please.
ブリーズ

言ってみましょう

チェックアウトをお願いします。	**Check out, please.** チェック アウッ ブリーズ
請求書をお願いします。	**The bill, please.** ザ ビル ブリーズ
レギュラーでお願いします。（ガソリン）	**Regular, please.** レギュラー ブリーズ
ハイオクでお願いします。（ガソリン）	**Premium, please.** ブリーミアム ブリーズ
水をください。	**Some water, please.** サム ウォーター ブリーズ
知らせてください。	**Let me know, please.** レッ ミー ノウ ブリーズ
静かにしてください。	**Be quiet, please.** ビー クワイエッ ブリーズ

5 ～がありません。(症状・状態)
I have no ～.
アイ　ハヴ　ノー

言ってみましょう

食欲がありません。	**I have no appetite.** アイ　ハヴ　ノー　アペタイッ
お金がありません。	**I have no money.** アイ　ハヴ　ノー　マニィ
手元に現金がありません。	**I have no cash on hand.** アイ　ハヴ　ノー　キャッシュ　オン　ハンド
他に選択肢がありません。	**I have no choice.** アイ　ハヴ　ノー　チョイス
私は方向音痴です。	**I have no sense of direction.** アイ　ハヴ　ノー　センス　オブ　ディレクション
質問はありません。	**I have no questions.** アイ　ハヴ　ノー　クエスチョンズ
狭くて脚が伸ばせません。	**I have no legroom.** アイ　ハヴ　ノー　レグルーム
音楽がわかりません。	**I have no ear for music.** アイ　ハヴ　ノー　イヤー　フォー　ミュージック

6 ～がありません。(状態)

There's no ～.
ゼアズ　ノー

言ってみましょう

お湯が出ません。	**There's no hot water.** ゼアズ　ノー　ハット　ウォーター
氷がありません。	**There's no ice.** ゼアズ　ノー　アイス
座るところがありません。	**There's no room to sit down.** ゼアズ　ノー　ルーム　トゥ　スィッ　ダウン
一刻を争います。	**There's no time to lose.** ゼアズ　ノー　タイム　トゥ　ルーズ
キリがない。	**There's no end.** ゼアズ　ノー　エンド
きれいなタオルがありません。	**There are no fresh towels.** ゼア　ラー　ノー　フレッシュ　タウエルズ
部屋にティッシュがありません。	**There are no tissues in this room.** ゼア　ラー　ノー　ティシューズ　イン　ディス　ルーム

～はどのくらいですか？
How ～?

言ってみましょう

いくらですか。	**How much is it?**
空港までいくらですか。	**How much is it to the airport?**
どのくらい時間がかかりますか。	**How long will it take?**
空港までどのくらい時間がかかりますか。	**How long does it take to get to the airport?**
再発行までどのくらい時間がかかりますか。	**How long does it take to have them reissued?**
ここからどれくらい遠いのですか。	**How far is it from here?**
ノースショアまでどのくらいですか。（距離）	**How far is it to the North Shore?**

～しすぎ／とても～
is too ～ . ／ It's too ～
イズ トゥー　　　　イッツ トゥー

言ってみましょう

部屋がとても寒いです。	**My room is too cold.**
お風呂のお湯が熱すぎます。	**The bath water is too hot.**
これは値段が高すぎます。	**This is too expensive.**
このスープは辛すぎます。	**This soup is too spicy.**
（あなたの運転の）スピードが速すぎます。	**Your driving speed is too fast.**
もう間に合いません（もう遅すぎます）。	**It's too late now.**
寝るにはまだ早すぎます。	**It's too early to go to bed.**

～が壊れています。
～ is broken.
イズ　ブロークン

言ってみましょう

ドアの鍵がかかりません。	**The door lock is broken.** ザ　ドア　ロック　イズ　ブロークン
ロープが切れました。	**The rope is broken.** ザ　ロープ　イズ　ブロークン
シャワーが壊れています。	**This shower is broken.** ディス　シャワー　イズ　ブロークン
その冷蔵庫は壊れているようです。	**It seems that refrigerator is broken.** イッ　スィーンス　ザッ　リフジレイター　イズ　ブロークン
クローゼットの扉が壊れています。	**The closet door is broken.** ザ　クロセッ　ドアー　イズ　ブロークン
右腕を骨折したようです。	**I think my right arm is broken.** アイ　スィンク　マイ　ライト　アーム　イズ　ブロークン
機械が壊れています。	**The machine is broken.** ザ　マシーン　イズ　ブロークン

～が機能しない。
～ doesn't work.

言ってみましょう

エアコンが効いていません。	**The air conditioner doesn't work.**
薬がききません。	**The medicine doesn't work.**
電話が通じません。	**The telephone doesn't work.**
シャワーのお湯が出ません。	**The shower doesn't work.**
部屋のテレビがつきません。	**The TV in my room doesn't work.**
電気がつきません。	**The light doesn't work.**
故障中（作動しません）。	**It doesn't work.**

場面別トラブルシーン編

空港・機内

シナリオ	いよいよ現地空港に到着です！しかしどこで荷物を受け取るのでしょうか…？

 CD-29

 手荷物受取所はどこでしょうか？

Where is the baggage claim?
ウェア　イズ　ザ　　　バゲージ　　クレイム

出口	**exit** エグズィット
入口	**entrance** エントランス
乗り継ぎカウンター	**transfer counter** トランスファー　カウンター
トイレ	**bathroom** バスルーム
両替所	**money exchange** マニィ　エクスチェンジ
シャトルバス	**airport shuttle** エアポート　シャトゥル

| シナリオ | 20分待っても、荷物が出てくる気配がありません。 |

すみません、スーツケースが見つからないのですが…。

Excuse me, I can't find my suitcase.
イクスキューズ　ミー　アイ　キャント　ファインド　マイ　スーッケース

赤いかばん	**red bag** レッド　バッグ
バックパック	**backpack** バックパック
ベビーカー	**stroller**(米)／**pushchair**(英) ストロウラー　プッシュチェア
メガネ	**glasses** グラスィーズ
財布	**wallet** ワレット

米＝アメリカ
英＝イギリス

名札のついたスーツケースです。
It's the one with the name tag.
イッツ　ディ　ワン　ウィズ　ザ　ネイム　タグ
※先に述べた対象物を one と省略して言っても OK

オレンジの取っ手がある	**with the orange handle** ウィズ　ディ　オレンジ　ハンドゥル
黄色いハンカチを巻き付けた	**with the yellow handkerchief** ウィズ　ディ　イエロウ　ハンカチーフ
名札をつけていない	**with no name tag** ウィズ　ノー　ネイム　タグ

こちらが引換券です。
Here is my claim tag.
ヒア　イズ　マイ　クレイム　タグ

搭乗券	**my boarding pass** マイ　ボーディング　パス
免許証	**my driver's license** マイ　ドライヴァーズ　ライセンス

荷物を受け取るまでに、どれくらいかかりますか？
How long does it take to receive my luggage?
ハウ　ロング　ダズ　イッ　テイク　トゥ　レシーヴ　マイ　ラゲージ

注文した品	**my order** マイ　オーダー

シナリオ 見つかるまで何分かかるかわからないと言われてしまいました。

もし見つかったら、スカイホテルに電話をください。
Please call the SKY hotel if you find it.
プリーズ　コール　ザ　スカイ　ホテル　イフ　ユー　ファインディッ

私の携帯電話	**my cellphone** マイ　セルフォン
添乗員	**the tour conductor** ダ　トゥアー　コンダクター
斉藤さん（女性）	**Ms. Saito** ミズ　サイトー
藤堂さん（男性）	**Mr. Todo** ミスター　トウドウ

午後8時前にチェックインしなければいけないんです。
I must check-in before 8 p.m.
アイ　マスト　チェック　イン　ビフォア　エイト　ピーエム

午前10時前	**before 10 a.m.** ビフォア　テン　エイエム
正午前	**before noon** ビフォア　ヌーン
午後2時前	**before 2 p.m.** ビフォア　トゥ　ピーエム
いますぐ	**right now** ライト　ナウ

シナリオ　トイレが心配なので、通路側の席がいいのですが……。

CD-32

通路側の席にしてください。
I'd like an aisle seat.
アイド　ライク　アン　アイル　スィート

※ aisle の発音は「アイル」、S は発音しないので注意

窓側の席	**a window seat** ア　ウィンドウ　スィート
最前列の席	**a bulkhead seat** ア　バルクヘッド　スィート
最後列の席	**a seat in the last row** ア　スィート　イン　ダ　ラスト　ロウ

| シナリオ | 長い待ち時間の中、急にお腹が痛くなってきた…。 |

CD-33

お腹が痛いのですが。
My stomach hurts.
マイ　スタマック　ハーツ

頭	**My head** マイ　ヘッド
首	**My neck** マイ　ネック
手	**My hand** マイ　ハンド
腰	**My lower back** マイ　ロウア　バック
歯	**My tooth** マイ　トゥース
胸	**My chest** マイ　チェスト
のど	**My throat** マイ　スロート
目	**My eye** マイ　アイ
耳	**My ear** マイ　イヤー

| シナリオ | 空港で気分が悪くなってきた…薬を探そう。 |

CD-34

薬を売っている所はありますか？
Where can I buy medicine?
ウェア　　キャナイ　バイ　　メディスン

胃腸薬	**stomach medicine** ストマック　　メディスン
頭痛薬	**aspirin** アスピリン
バンソウコウ	**Band-Aids** バンディッジ
睡眠薬	**sleeping pills** スリーピング　ピルズ
目薬	**eye drops** アイ　ドロップス
アイシェード	**eye masks** アイ　マスクズ
機内用まくら	**a travel pillow** ア　トラベル　ピロウ

ひとくちメモ

胃腸薬は、アメリカやカナダ、イギリスでは Pepto-Bismol と呼ばれるピンク色をした液体薬が有名です。
ペプト　ビスモル

| シナリオ | 雪の影響で乗り換え空港にかなり遅れて到着…乗り換えまでにあまり時間がない。 |

CD-35

早めに（搭乗）手続きをしてくださいますか？
Please go through the boarding procedures ASAP.
プリーズ ゴー スルー ザ ボーディング プロスィージャズ エイエスエイピー

| 食事をだして | **bring my food** ブリング マイ フード |
| 部屋を暖めて | **heat up my room** ヒート アップ マイ ルーム |

乗り換え便まで時間がないので。
The connection is tight.
ザ コネクション イズ タイト

お金（にひっぱくしている）	**The money** ザ マニィ
スケジュール（がきつい）	**My schedule** マイ スケジュール
このコート（はきつい）	**This coat** ディス コート

| シナリオ | 手提げポーチを洗面台の角に置いて化粧をしていたら、いつの間にかポーチが消えていた…。 |

CD-36

トイレで荷物を取られました。
My luggage was stolen in the restroom.
マイ　ラゲージ　ワズ　ストーレン　イン　ザ　レストルーム

待合席で	**in the waiting area** イン　ザ　ウェイティン　エリア
喫煙コーナーで	**in the smoking area** イン　ザ　スモーキング　エリア
自動販売機の前で	**in front of the vending machine** イン　フロント　オブ　ザ　ヴェンディング　マシーン
あのあたりで	**around there** アラウンド　ゼア

警察に連絡してください。
Could you call the police?
クッジュ　コール　ザ　ポリス

救急センター(救急車)	**an ambulance** アン　アンビュランス
日本大使館	**the Japanese Embassy** ザ　ジャパニーズ　エンバスィ
私のホテル	**my hotel** マイ　ホテル

| シナリオ | 火災があったと騒ぎが…そっちに気を奪われているうちに荷物が消えた… |

CD-37

非常口はどこ？
Where is the emergency exit?
ウェア　イズ　ディ　エマージェンシー　エグズィット

医務室	**clinic** クリニック
遺失物係	**the lost and found** ザ　ロスト　エン　ファウンド
保険会社のカウンター	**the insurance company counter** ディ　インシュランス　カンパニー　カウンター

私の荷物が行方不明です。
My luggage is missing.
マイ　ラゲイジ　イズ　ミッシング

パスポート	**My passport** マイ　パスポート
財布	**My wallet** マイ　ウォレト
スーツケース	**My suitcase** マイ　スーツケース

空港・機内 / ホテル / 外出 / レンタカー・アクティビティ / レストラン / 病院 / 警察

空港でよく使うフレーズ

CD-38

1	フライトは予定通りですか？	Is the flight on schedule?
2	出発まで時間がありません。	There's not much time before our plane leaves.
3	最終バスまで時間がありません。	The last bus leaves very soon.
4	終電まで時間がありません。	The last train leaves very soon.
5	閉館（閉店）まで時間がありません。	They're closing very soon.
6	少し気分がよくなりました。	I feel a little better.
7	だんだん気分が悪くなってきました。	I'm feeling worse by the minute.

> **シナリオ** 現地に到着し、入国手続きをしようと思ったらパスポートがない…。

CD-39

パスポートを飛行機の中に忘れてしまいました。
I left my passport on the airplane.
アイ レフト マイ パスポート オン ディ エアプレン

貴重品	**valuables** ヴァルアブルズ
折りたたみ傘	**folding umbrella** フォールディング アンブレラ
コンタクトレンズ	**contact lenses** コンタクト レンゼス

探してもらえますか？
Could you find it for me?
クッ ジュ ファインディッ フォー ミー

手を貸して	**help me** ヘゥプ ミー
この子を見ていて (女の子)	**watch her** ワッチ ハー
この子を見ていて (男の子)	**watch him** ワッチ ヒム

空港・機内 / ホテル / 外出 / レンタカー・アクティビティ / レストラン / 病院 / 警察

| シナリオ | 腰が痛いのでシートを倒したい。でも真後ろに座っているお客さんがいます…。 |

CD-40

腰が痛い。
My back hurts.
マイ　バック　ハーツ

気分が悪い	**I don't feel well.** アイ　ドン　フィール　ウェル
頭が痛い	**I have a headache.** アイ　ハヴ　ア　ヘドエイク
首が痛い	**My neck hurts.** マイ　ネック　ハーツ
背中が痛い	**My back hurts.** マイ　バック　ハーツ

すみません、少しだけシートを倒してもいいでしょうか？
Would you mind my reclining the seat a little bit?
ウッ　ジュ　マインド　マイ　リクライニング　ザ　スィート　ア　リトル　ビッ

半分くらい	**about half way** アバウト　ハーフ　ウェイ
めいっぱい	**all the way** オール　ダ　ウェイ
しばらくの間	**for a while** フォー　ア　ワイル

> **シナリオ** 上着は持っていますが、それ以上に機内が冷えます…。

🎧 CD-41

毛布をもう一枚いただけますか？
Could you bring me another blanket please?
クッ ジュ　ブリング　ミー　アナザー　ブランケット　プリーズ

日本の新聞	**a Japanese newspaper** ア　ジャパニーズ　ニュースペイパー
日本の雑誌	**a Japanese magazine** ア　ジャパニーズ　マガズィン
枕	**a pillow** ア　ピロウ
ヘッドセット	**a headset** ア　ヘッドセット
入国カード	**an immigration form** アン　イミグレイション　フォーム
税関申告書	**a customs form** ア　カスタムズ　フォーム

ひとくちメモ

クイズです。足がつったとき、何と言えばいいのでしょうか？

答え→ I have a charlie horse.
　　　　ア ハブ ア　チャーリー　ホース

足をつったチャーリー・ホースという有名な競走馬から、英語圏ではこの言い方が浸透しています。

> シナリオ　lost&foundで失った貴重品が届いてないか聞く…。

パスポートをバスのどこかに置いてきてしまった。
I've left my passport on the bus.
アイヴ　レフト　マイ　パスポート　オン　ザ　バス

電車	**on the train** オン　ザ　トレイン
車	**in the car** イン　ザ　カー
ホテルの部屋	**in the hotel room** イン　ザ　ホテル　ルーム
高速バス	**in the express bus** イン　ディ　イクスプレス　バス
カウンター	**on the counter** オン　ザ　コーナー
空港のラウンジ	**in the airport lounge** イン　ディ　エアポート　ラウンジ

私のパスポートが届けられていませんか？
Do you have my passport?
ドゥ　ユー　ハヴ　マイ　パスポート

所持品	**my belongings** マイ　ビロンギングス
傘	**my umbrella** マイ　アンブレラ

| シナリオ | 英語でいろいろ言われてもよく分からない… |

CD-43

日本語を話せる人はいますか？
Does anyone speak Japanese?
ダズ　エニワン　スピーク　ジャパニーズ

彼女がどこにいるか知っている人	**know where she is** ノウ　ウェア　スィ　イズ
理由を知っている人	**know the reason** ノウ　ザ　リーズン
ご質問のある人	**have questions** ハヴ　クエスチョンズ

ひとくちメモ

　パスポートは身分を保証する唯一の公文書です。パスポートなしでは出入国できません。日本人のパスポートはしばしば盗みの対象になっています。そのため他人に見られないように首から下げて服の中に入れたり、ウエストポーチに入れるなどしておくのが安全です。万一のためにコピーの写しを持っておくことも忘れずに。

空港・機内 / ホテル / 外出 / レンタカー・アクティビティ / レストラン / 病院 / 警察

> **ひとくちメモ**
>
> 財布（クレジットカード）の盗難・紛失に気づいたときの対応手順を知っておこう！
>
> ●**手順① 日本のクレジットカード会社に電話**
> 　警察の届けより前にカード会社に連絡します。日本への電話のかけ方は、仮にカード会社の電話番号が03-1234-5678の場合は、＋81（3-1234-5678）とかけます。
> 　　　　↓
> ●**手順② 現地の警察に行く**
> 　保険に入っている人は帰国後の手続きで必要になるため、現地警察で紛失に関する証明書を発行してもらいましょう。

ホテル

シナリオ	やっとのことで夕方にホテルに到着！ひとっ風呂あびてリフレッシュしたいのに…。

CD-44

お風呂の調子がおかしいです。
Something is wrong with the bath.
サムスィング　イズ　ロング　ウィズ　ザ　バス

シャワー	**shower** シャワー
トイレ	**toilet** トイレット
蛇口	**faucet** フォーセッ
エアコン	**air conditioner** エア　コンディショナー
照明	**light** ライト
リモコン	**remote control** リモート　コントロール
目覚まし時計	**alarm clock** アラーム　クロック
セーフティボックス	**safety deposit box** セーフティ　ディポズィット　ボックス
コンセント	**electrical outlet** エレクトリカル　アウトレット

エアコンが動きません。
The air conditioner doesn't work.
ディ　エア　　コンディショナー　　　　ダズン　　ワーク

冷蔵庫	**refrigerator** リフジレイター
ヒーター	**heater** ヒーター
空気清浄機	**air purifier** エア　ピュリファイア
目覚まし時計	**alarm clock** アラーム　クロック
換気扇	**vent** ヴェント
天井のファン	**ceiling fan** シーリング　ファン
電話	**phone** フォン
ドアのカギ	**door lock** ドア　ロック

お湯がでません（ありません）。
There is no hot water.
ゼア　イズ　ノー　ハット　ウォーター

シャンプー	**shampoo** シャンプー
リンス	**conditioner** コンディショナー
タオル	**towel** タウル
石けん	**soap** ソープ
トイレットペーパー	**toilet paper** トイレット　ペイパー
ティッシュ	**tissue** ティシュー
ランドリーバッグ	**laundry bag** ランドリー　バッグ
ローション	**lotion** ローション

バスローブ	**bathrobe** バスローブ
歯磨きセット	**dental kit** デンタル キット
かみそり（ひげそり）	**razor** レイザー
電気（が流れない）	**electricity** イレクトリシティ
電話（がつながっていない）	**telephone connection** テレフォン コネクション
急ぎ（ではありません）	**rush** ラッシュ

| シナリオ | 日中、遊び回って、ホテルに帰ってきたら体調が悪く…。 |

こんばんは。こちらは515号室です。
Hello. This is room 515.
ハロー　ディス　イズ　ルーム　ファイヴフィフティーン

1235号室	room 1235
	ルーム　トゥエルヴサーティファイヴ
1235号室の山田ミカ	room 1235, Mika Yamada
	ルーム　トゥエルヴサーティファイヴ　ミカ　ヤマダ

めまいがします。
I feel dizzy.
アイ　フィール　ディズィ

熱っぽい	**feverish** フィーヴァリッシュ
胸が苦しい	**heartburn** ハートバーン
節々が痛い	**pain in my joints** ペイン　イン　マイ　ジョインツ
眠気	**drowsy** ドゥロウスィ
疲ろう	**tired** タイアド

| シナリオ | ホテルのWifiにアクセスできない… |

携帯電話が不具合で困っています。
I am having problems with my mobile phone.
アイ アム ハヴィング プロブレムズ ウィズ マイ モバイル フォーン

カメラ	**with my camera** ウィズ マイ キャメラ
ノートパソコン	**with my laptop** ウィズ マイ ラップタップ
パスワード	**with my password** ウィズ マイ パスワード
ログインアカウント	**logging into my account** ロギン イントゥ マイ アカウント

ネットにつながりません。
I can't get online.
アイ キャント ゲッ オンライン

| 携帯電話の電波 | **a cell phone signal** ア セル フォン シグナル |

| シナリオ | 隣の部屋の客が騒いでいる。うるさすぎて眠れません…。 |

◉ CD-47

隣の部屋がやかましい。
The room next door is noisy.
ダ　　ルーム　　ネクスト　　ドア　　イズ　ノイズィ

上	**above** アバヴ
下	**below** ビロウ
ドアの向こう側	**across the hall** アクロス　ザ　ホール

眠れません。
I can't sleep.
アイ　キャント　スリープ

リラックスできない	**relax** リラックス
読書できない	**read** リード

| シナリオ | 部屋に不審者が侵入している…。 |

直ちに来てください。
Please send someone over now.
プリーズ　センド　サムワン　オーバー　ナウ

音をたてずに	quietly クワイエトリィ
慎重に	cautiously コウシャスリィ

部屋に不審者がいます。
There is an intruder in the room.
ゼア　イズ　アン　イントルーダー　イン　ザ　ルーム

野鳥	a bird ア　バード
ハチ	a bee ア　ビー
毒グモ	a poisonous spider ア　ポイズナス　スパイダー
強盗	a robber ア　ラバー
野犬	a stray dog ア　ストレイ　ドッグ
のら猫	a stray cat ア　ストレイ　キャット

拳銃を持っていると思います。
I think he has a gun.
アイ スィンク ヒィ ハズ ア ガン

ナイフを持っている	**has a knife** ハズ ア ナイフ
こん棒を持っている	**has a stick** ハズ ア スティック
ハサミを持っている	**has scissors** ハズ シザース
何か凶器(きょうき)を持っている	**has some weapon** ハズ サム ウエポン
覆面(ふくめん)している	**is wearing a mask** イズ ウェアリング ア マスク
ヘルメットをかぶっている	**is wearing a helmet** イズ ウェアリング ア ヘルメッ

ひとくちメモ

部屋に帰ると、荒らされた形跡があり……。「空き巣が入りました」と伝えるには、Somebody broke into my room. と言います。
サムバディ ブローク イントゥ マイ ルーム

シナリオ　頼んだ覚えのない修理人が来た。見るからに怪しい…

CD-49

誰ですか？
Who are you?
フー　アー　ユー

| 私は誰も呼んでいませんが。 | **I didn't call anyone.**
アイ　ディドント　コール　エニワン |

何か証明するものを見せてください。
Show me some identification.
ショウ　ミー　サム　アイデンティフィケイション

| あなたのID
(身分証明書) | **your ID**
ユア　アイディ |
| あなたの名札 | **your name tag**
ユア　ネーム　タグ |

フロントに確認します。
Let me call the front desk to make sure.
レッ ミー コール ザ フロント デスク トゥ メイク シュア

添乗員	**my tour conductor** マイ トゥアー コンダクター
友人	**my friend** マイ フレンド
夫	**my husband** マイ ハズバンド
妻	**my wife** マイ ワイフ
息子	**my son** マイ サン
娘	**my daughter** マイ ドウター
パパ	**my dad** マイ ダッド
ママ	**my mom** マイ マム
弁護士	**my lawyer** マイ ローヤー
医者	**my doctor** マイ ドクター

ひとくちメモ

ドアを開けることがあっても、チェーンは付けたままにして、まずはすき間から様子をうかがいましょう。

ホテルの部屋でよくあるトラブル　　　CD-50

- 鍵を部屋に置いて出てしまいました。　I'm locked out.
- 水が止まりません。　The water won't stop.
- トイレの水が流れません。　The toilet won't flush.
- トイレがつまってしまいました。　The toilet is clogged.
- 窓が閉まりません。　The window won't shut.
- インターネットに接続できません。　I can't access the internet.
- 目覚まし時計をセットできません。　I can't set the alarm clock.
- セーフティボックスを開けられません。　I can't open the safety deposit box.

ひとくちメモ

パスポートがなくなったときの対応手順を知っておこう！
　　4×3cmの写真が必要なので予め持っていくと時間を短縮できます

〈外国でパスポートを紛失したときの手続き〉

紛失届の提出
1 紛失一般旅券等届出書　1通 大使館の窓口にありますので、必要事項を提出時に記入します。
2 現地の警察署で発行してもらった**紛失届の証明証**か、 消防署発行の**罹災証明証** 証明書を発行してもらえない場合は、 日本大使館に相談してみるとよいでしょう。
3 写真　1枚（縦4.5×横3.5cm）
4 身分証明証 運転免許証などの顔写真付きのもの。

帰国するための**渡航書を申請** （帰国を急ぐとき） ▼	新たに**パスポートを申請** （＝新規発給申請） ▼
上記の書類の他に、次のものを提出します。	
A 渡航書発給申請書　1通 大使館窓口にあります。 **B 戸籍謄本か戸籍抄本　1通** あるいは、日本国籍が確認できる 書類（運転免許証など）。 **C 写真　1枚（縦4.5×横3.5cm）** **D 外国でのスケジュールが 確認できるもの** 航空チケットや旅行会社の予定表 など。	**A 一般旅券発給申請書　1通** 大使館窓口にあります。 **B 戸籍謄本か戸籍抄本　1通** **C 写真　1枚** （ICパスポート作成機がない一部の 公館での申請は、申請書2通と写 真2枚が必要）

→157～159ページに在外公館の電話番号一覧あり

外出
（買い物・観光）

| シナリオ | 街中で腹痛に。薬局に飛び込む。 |

CD-51

こんにちは。少し腹痛がするのですが。
Hello. I have a little stomachache.
ハロー アイ ハヴ ア リトル ストマックエイク

靴ずれ	**blister on my foot** ブリスター オン マイ フット
筋肉痛	**muscle ache** マッスル エイク
目がかゆい	**itchy eyes** イッチー アイズ
足の捻挫	**sprained ankle** スプレインド アンクル

薬はありますか。
I need medicine.
アイ ニード メディスン

包帯	**a bandage** ア バンディッジ
消毒液	**an antiseptic** アン アンティセプティック
アイスノン	**an ice pack** アン アイス パック
虫よけスプレー	**insect repellent** インセクト リペレント

切り傷の薬をください。
Some medicine for a cut, please.
サム　　　メディスン　　フォー ア　カット　　プリーズ

すり傷	**a scratch** ア　スクラッチ
打ち身	**a bruise** ア　ブルーズ
痛み止め	**pain** ペイン
酔い止め	**motion sickness** モーション　スィックネス

ひとくちメモ

英語で「薬屋さん」は、drugstore や pharmacy がよく使われます。drugstore は薬だけではなく、化粧品やビタミン剤、ダイエット食品、毛染め剤、日焼け止め、爪やすり、バッテリー、おもちゃなど色々なものがあります。drugstore の中にも pharmacy コーナーがあり、そこに行けば薬や処方箋（prescriptions）が手に入るでしょう。

| シナリオ | 写真を撮ってあげると言われてカメラを渡したら逃げられた… |

泥棒！
Thief!
スィーフ

スリ	**Pickpocket**
	ピックポケット
不審者	**A suspicious-looking person**
	ア　サスピシャス　ルッキング　パーソン

| シナリオ | 「鳥のフンがついているよ。拭いてあげるよ」とタオルを持った人が体を触ろうとする… |

CD-53

触らないで!
Don't touch me!
ドン　タッチ　ミー

あっち行って！　　**Go way!**
　　　　　　　　　　ゴー　ウェイ

放っておいて！　　**Leave me alone!**
　　　　　　　　　　リーヴ　ミー　アローン

ひとくちメモ

　上のシナリオはいわゆるマスタードスリの手口です。分かっていても鳥のフンがついたかもしれないという突然の事態にショックを受け、ひっかかってしまう旅行者が後を絶ちません。汚れた服を早く拭いてほしくなるのが人間心理ですから。相手はプロのスリ。一瞬のボディタッチでカバンやポケットから金になるものだけを奪い去ります。iPhoneをカメラ兼用にしている人はとくにご注意ください。

> **シナリオ** 電車から降り、カバンに手をやると、いつの間にかジッパーが開いていた…

電話も財布もなくなった！
My phone and wallet are missing!
マイ　フォン　エン　ウォレット　アー　ミッシング

パスポートも免許証も	**passport and driver's license** パスポート　エン　ドライヴァーズ　ライセンス
スーツケースもポーチも	**suitcase and pouch** スーツケース　エン　パウチ
カメラもレンズも	**camera and lenses** キャメラ　エン　レンズィーズ
帽子もメガネも	**hat and glasses** ハット　エン　グラスィーズ
コートも手袋も	**coat and gloves** コート　エン　グラブス

電話を貸していただけませんか？（借りてもいい？）
Could I borrow your phone?
クダイ　ボロウ　ユア　フォン

iPhone	**your iPhone** ユア　アイフォン
お金	**some money** サム　マニィ

> **シナリオ** クレジットカードを奪われた！クレジットカードをいますぐ止めなければ…。

CD-55

クレジットカードを奪われました。
I've lost my credit card.
アイヴ　ロスト　マイ　クレディ　カード

ホテルのキー	**hotel room key** ホテル　ルーム　キー
航空券	**plane ticket** プレーン　ティケット
サッカーの観戦チケット	**soccer match ticket** サッカー　マッチ　ティケット

至急、クレジットカードを止めなければいけません。
I need to stop my credit card immediately.
アイ　ニード　トゥ　スタップ　マイ　クレディ　カード
イミディエイトリィ

クレジットカード会社に電話	**call my credit card company** コール　マイ　クレディ　カード　カンパニィ

（カード会社の）電話番号を調べていただけませんか？
Could you find me a phone number?
クッ ジュ　ファインド　ミー　ア　フォン　ナンバー

フライト情報	**the flight information** ダ　フライト　インフォメーション
ビジネスホテルの一覧	**a list of budget hotels** ア　リスト　オブ　バジェット　ホテルズ

ひとくちメモ

「カードナンバーを無効にしてください」は Could you please cancel my card number? ですが、通常これは日本のカード会社に電話をするので日本語で通じます。カード会社には紛失盗難受付デスクがあり、フリーダイヤルで連絡を受け付けています。紛失時はただちに連絡してください。

● **警察へも届けましょう**

もしカードの不正利用などの損害がでたときに、盗難・紛失保険を適用するにあたって必ず警察への盗難届を出しておきましょう。盗難届を提出した後、警察の方から盗難届証明書が発行されます。それを帰国後に保険会社やカード会社に提出することになります。

なお、カード所有者にも責任・過失があった場合には、補償されない場合もありますので予め注意しておきましょう。置き引きはたいてい補償されません。

シナリオ	街を歩いていたらひったくりに遭った…。

CD-56

ひったくりよ！
Snatcher!
スナッチャー

※ひったくりが逃げ去った方向を指さして大きな声で叫びましょう

（一般的な）どろぼう	**Thief** スィーフ
	Robber ラバー
（建物に）侵入者	**Burglar** バーグラー
万引き	**Shoplifter** ショップリフター

助けて！
Help!
ヘゥプ

どうしたんですか？	**What happened?** ワラップン ※助けを求める人を目撃したとき

すぐ近くに公衆電話はありますか？
Where is the closest pay phone?
ウェア　イズ　ザ　クロセスト　ペイ　フォン

警察署	**police station** ポリス　ステイション
ガソリンスタンド	**gas station** ガス　ステイション

どうやったら電話はかかりますか。
How can I make a call?
ハウ　キャナイ　メイカ　コール

これを使える	**use this** ユーズ　ディス
そこに行ける	**get there** ゲッ　ゼア

ひとくちメモ

　外出中に携帯電話を奪われたら、近くの公衆電話を探して、日本の携帯電話会社に電話しましょう。国によって、フリーダイヤルの場合は1コインでOKです。フリーダイヤルでない場合も手短に自分の電話番号を伝え、携帯電話の通信をキャンセルし、他人が使えないようにしてもらいましょう。携帯電話に暗唱番号を設定している人は、それほど慌てなくて済みますが、再起動で設定をゼロにされてしまうこともあります。

レンタカー・アクティビティ

シナリオ	ずっと楽しみにしていた友人との旅行。しかし早速、車のタイヤがパンクしてしまいました…。

CD-57

タイヤがパンクしてしまいました。
We had a flat tire.
ウィ　ハド　ア　フラット　タイヤ

エンジントラブル	**engine trouble** エンジン　トラボウ
事故	**an accident** アン　アクシデント

ひとくちメモ

道に迷う= We're lost.
　　　　　ウィアー　ロスト
脱輪する= We ran off the road and are stuck.
　　　　　ウィ　ラン ノフ　ダ　ロード　エン　アー　スタック

すぐに換えが必要なのですが。
We need a replacement ASAP.
ウィ　ニード　ア　リプレイスメント　エイエスエイピー

給油	**gas** ガス
エンジンオイル	**engine oil** エンジン　オイル
道路地図	**a road map** ア　ロード　マップ

シナリオ	うっかり一晩ライトをつけっぱなしに…。バッテリーがあがってしまいました…。

CD-58

一晩ライトをつけっぱなしにしてしまいました。
I left the lights on overnight.
アイ　レスト　ザ　ライツ　オン　オーヴァーナイト

カギを刺しっぱなし	**the keys in the car** ザ　キーズ　イン　ダ　カー
ハザードランプをつけっぱなし	**the hazard lights on** ザ　ハザード　ライツ　オン
窓を開けっ放し	**the window open** ザ　ウィンドウ　オープン

バッテリーがあがってしまったのですが。
The battery is dead.
ザ　バテリー　イズ　デッド

※携帯電話などの電池がなくなったときも使います。

モーター	**The motor** ザ　モウター

| シナリオ | 駐車禁止エリアに車を置いていた結果…。 |

レンタカーがレッカーされてしまった。
My rental car got towed.
マイ　レンタウ　カー　ガット　トウド

盗まれた	**got stolen**
	ガット　ストーレン
傷を付けられた	**was damaged**
	ワズ　ダメージドゥ
ぶつけられた	**was hit**
	ワズ　ヒット
窓を割られた	**window was broken**
	ウィンドウ　ワズ　ブロークン
どろどろに汚された	**got extremely dirty**
	ガット　エクストリームリィ　ダーティ
落書きされた	**got graffiti written on it**
	ガット　グラフィティ　リトゥン　オニ　ット

ひとくちメモ

日本語の「レッカー」は実は和製英語。海外では通用しないので要注意!

私の車がどこにあるのかを知りたいのですが。
I need to find my car.
アイ　ニーツ　トゥ　ファインド　マイ　カー

ゴルフセット	**golf clubs** ゴルフ　クラブス
ヨット	**yacht** ヤット
スキー板	**skis** スキーズ
スケートボード	**skateboard** スケートボード
スケート靴	**skates** スケーツ
サーフボード	**surfboard** サーフボード
レンタル自転車	**rental bike** レンタル　バイク

> **シナリオ** 車の様子がおかしいと思ったら、煙が出ています。

CD-60

すぐに誰かをよこしてください。
Please send someone immediately.
プリーズ　　センド　　サムワン　　イミディエイトリィ

メカニック	**a mechanic** ア　メキャニック
日本語の分かる人	**someone who understands Japanese** サムワン　フー　アンダースタンズ　ジャパニーズ
通訳者	**an interpreter** アン　インタープリター

トランクから煙が出ているんです！
Smoke is coming out from the trunk!
スモーク　イズ　カミン　ナウト　フロム　ザ　トランク

ボンネットの下	**under the hood** アンダー　ザ　フッド
タイヤ	**the tires** ザ　タイアズ
通風口	**the vent** ザ　ヴェント
エンジン	**the engine** ディ　エンジン

私はいまブルー・ハイウェイとリバー通りの交差点です。
I'm at the corner of Blue Highway and River Street.

高速道路の避難所	**in the emergency lane**
路肩	**on the shoulder of the road**
ダウンタウンの公園脇	**next to the park downtown**

ボンネットを触ったら火傷をしてしまいました。

I burned myself by touching the hood of the car.
アイ　バーンド　マイセルフ　バイ　タッチング　ザ　フッド　オブ　ザ　カー

キャブレター	**the carburetor** ザ キャブレター
エンジン	**the engine** ディ エンジン
ラジエーター	**the radiator** ザ レイディエイター
マフラー	**the muffler** ザ マフラー
ヘッドライト	**the headlight** ザ ヘッドライト

> **シナリオ** ちょっとした不注意で接触事故を起こしてしまいました。 大事には至らなかったものの…。

接触事故を起こしてしまいました。
There has been a minor collision.
ゼア　ハズ　ビーン　ア　マイナー　コリジョン

衝突事故	a crash ア　クラッシュ
玉突き事故	a pileup ア　パイルアップ
接触事故	a fender-bender ア　フェンダー　ベンダー
追突事故	a rear-end collision ア　リア　エン　コリジョン
人身事故	a fatal accident ア　フェイタル　アクシデント
水難事故	a water accident ア　ウォーター　アクシデント

現場検証のできる人が必要です。
We need someone for on-the-spot inspections.
ウィ　ニード　サムワン　フォー　オン　ザ　スポット　インスペクションズ

日本語が話せる人	someone who speaks Japanese サムワン　フー　スピークス　ジャパニーズ

> **シナリオ** 友人がひき逃げに遭い、目撃者として事情聴取を受けました。

その車は逆方向に（逃げて）行きました。
The car was going in the opposite direction.

進行方向	going in the direction of traffic
高速道路に向かって	going toward the expressway
高速道路を下りて	under the expressway

ナンバープレートは思い出せません。
I can't recall the license plate.

車種	car type
人相	the face
体格	the body type

でも黒い車でした。
But it was a black car.
バット イト ワス ア ブラック カー

白い	**white** ホワイト
黄色い	**yellow** イエロー
赤い	**red** レッド
青い	**blue** ブルー
シルバーの	**silver** スィルヴァー
ゴールドの	**gold** ゴールド
緑の	**green** グリーン

シナリオ	広い田舎道が気持ちよくて思わずスピード違反…

運転免許証をお見せします。
Here is my driver's license.
ヒア　イズ　マイ　ドライバーズ　ライセンス

国際免許証	**international driving permit** インターナショナル　ドライビング　パーミット
パスポート	**passport** パスポート

危険なものは何も持っていません。
I have nothing dangerous.
アイ　ハヴ　ナッスィング　デンジャラス

凶器はない	**no weapons** ノー　ウエポンズ
違法なものはない	**no illegal things** ノー　イリーガル　スィングス

> シナリオ　インラインスケートで転んで足が折ってしまった…

🎧 CD-64

足が折れたみたいです。
My leg seems to be broken.
マイ　レグ　スィーンズ　トゥ　ビィ　ブロークン

腕	**arm** アーム
手首	**wrist** リスト
足首	**ankle** アンコウ
腰骨	**hipbone** ヒップボーン
指の骨	**finger** フィンガー
あばら骨	**rib** リブ

ひとくちメモ

とくにアメリカでは、無言でポケットに手を入れると、拳銃でも取り出すんじゃないかと勘違いされますので注意してください。しっかり自分がポケットから何を取り出すのかを伝えてから行動に移さなければなりません。

自動車事故トラブルでよく使う表現　CD-65

- 車にはねられました。　　　I was hit by a car.
- 追突されました。　　　　　I was in a collision.
- 車にぶつかりました。　　　I ran into a car.
- 電柱にぶつかりました。　　I ran into the pole.
- 事故に遭いました。　　　　I was in an accident.
- すぐに救急車を呼んでください。　Please call an ambulance right away.
- ナンバープレートはABC1234です。　The license plate is ＡＢＣ　１２３４．
- 交通事故があった。　　　　There's been an accident.
- 車がひっくり返っている。　The car has flipped over.

シナリオ	山にトレッキングに入ったら、子連れのクマに遭遇。友人が襲われた…

CD-66

友人がクマに大怪我を負わされました。
My friend was attacked by a bear.
マイ　フレンド　ワズ　アタックド　バイ　ア　ベア

サメ	shark シャーク
ワニ	crocodile クロコダイル
ヒョウ	leopard レパード
ヤマネコ	wildcat ワイルドゥキャット
毒蛇	poisonous snake ポイゾナス　スネイク
サソリ	scorpion スコーピオン

彼女をすぐに治療してください。
She needs immediate medical attention.
スィー　ニーズ　イミディエイト　メディカル　アテンション

応急手当て	first-aid treatment ファーストエイド　トリートメント
止血	to stop bleeding トゥ　スタップ　ブリーディング

ひとくちメモ

各種再発行の手続きについて知っておこう！

●クレジットカードの再発行

カード会社の窓口に電話し、まずはカードの失効手続きを行います。本人確認が取れたら、すぐに再発行してもらえます。再発行までの期間はカード会社によって異なりますが、早いところだと即日、遅いところでも３営業日以内には再発行されます。

●航空券の再発行

再発行ができるかどうかは、航空券の種類（払い戻し可否）によります。格安航空券の場合は払い戻しできないものが多いので、その際にはあきらめて再購入するしかありません。払い戻し可能なものであれば、航空会社に盗難証明書と盗難についての証言サインを提出して申請をすることになります。

●トラベラーズチェック（T/C）の再発行

発行した銀行の現地支店または代理店に行き、まずは紛失したトラベラーズチェックの番号を伝えて、失効手続きを行います。そのうえで盗難証明書と必要書類を提出することで、再発行してもらえます。発行年月日やチェック番号も確認されますので、必ず購入時に控えておくようにしましょう。

※パスポートの再発行については64ページで紹介しています

レストラン

| シナリオ | オーダーした食べ物とまったく違うものが出てきました。ここは文句を言うべし！ |

すみません、これ、私がオーダーしたものと違うんですが…
Excuse me. This is not what I ordered.
エクスキューズ ミー ディス イズ ナット ワッ アイ オーダード

彼が注文したもの	**what he ordered** ワッ ヒー オーダード
彼女が注文したもの	**what she ordered** ワッ スィー オーダード
私が買ったもの	**what I bought** ワッ アイ ボウト

オーダーをチェックしてください。
Please check the order.
プリーズ チェック ディ オーダー

味つけ	**the taste** ザ テイスト
サイズ	**the size** ザ サイズ
調味料	**the ingredients** ディ イングリディエンツ
成分	**the contents** ザ コンテンツ
カロリー	**the calories** ザ カロリーズ

料理を作り直すと言われたときの答え方

- そんな時間はありません。　　I have no time.
- それをもらうしかないわ。　　Then I will just have to take that.
- オーダーをキャンセルして料金を払い戻してください。　　Can I cancel the order and get a refund?
- テイクアウトにしてください。　　I'll take it with me.
- ありがとう。急いでください。　　Thank you. Please hurry.
- 結構です。注文のキャンセルだけしてください。　　No thank you. Just cancel my order, please.

> シナリオ　支払いの際、間違ったお釣りが…。

これ間違ったお釣りですけど…。
You gave me the wrong change.
ユー　ゲイヴ　ミー　ザ　ロング　チェンジ

計算	**calculation** キャルキュレイション
診断	**diagnosis** ダイアグノスィス

| シナリオ | いや、お釣りはあっている！と言い張られたら…？ |

CD-70

もう一度確認してください。
Please check again.
プリーズ　チェック　アゲイン

言って	**say it** セイ　イット
見せて	**show me** ショウ　ミー

責任者と話させてください。
May I speak to someone in charge?
メイ　アイ　スピーク　トゥ　サムワン　イン　チャージ

支配人	**the manager** ザ　マニジャー
シェフ	**the chef** ザ　シェフ
ウエイター （ウエイトレス）	**the server** ザ　サーヴァー
レジ係	**the cashier** ザ　キャッシャー

ひとくちメモ お金に関する英語の読み方・数え方（アメリカドルの場合）

●お金の単位と読み方
dollar（ダラー）　cent（セント）　※ $1（1ドル）= 100¢（100セント）

●硬貨の呼び方
1¢硬貨= penny（ペニー）　5¢硬貨= nickle（ニクル）
10¢硬貨= dime（ダイム）　25¢硬貨= quater（クォーター）

●お金の数え方
$1.50 (one dollar and fifty cents／もしくは、one fifty)
$10.50 (ten dollars and fifty cents／もしくは、ten fifty)
$105 (one hundred five dollars／もしくは、one oh five)
$150 (one hundred and fifty dollars／もしくは、one fifty)
$1,050 (one thousand and fifty dollars)
$1,500 (one thousand and five hundred dollars／もしくは、
　　　　fifteen hundred)

※「0」を oh（オー）と言う場合がよくあります。

●お釣りの数え方
〈36ドルの買い物をして40ドルを払った場合〉

アメリカでは1ドル札（4枚）を一枚一枚お客の手のひらに乗せながら、37、38、39、40と数え、支払われた金額40ドルになるまでカウントする方法で、お釣りの確認が行われます。

●お金のスラング
〈ドル＝buck（バック）〉

$1 = a buck（one buck）
$3 = Three bucks
$10 = Ten bucks
$1.50 = a buck fifty

※アメリカでは100ドルのことを Benjamin（ベンジャミン）と呼ぶことがあります。ベンジャミン・フランクリン元大統領が100ドル札のデザインだからです。

病院

| シナリオ | 自分ではどうにもできないほど、症状が悪化… |

病院へ連れて行ってください。
Please take me to the hospital.
プリーズ　テイク　ミー　トゥ　ザ　ホスピトォー

一番近くの病院	**the nearest hospital** ザ　ニアレスト　ホスピタル
歯医者	**the dentist** ザ　デンティスト
小児科	**pediatrics** ピーディアトリクス
整形外科	**orthopedics** オーソピーディクス
耳鼻咽喉科	**E.N.T.** イヤーノーズエンドスロート ※ ear nose and throat の頭文字です
産婦人科	**OB-GYN** オービージーワイエヌ
内科	**internal medicine** インターナル　メディスン

救急車を呼んでください。
Please call an ambulance.
プリーズ　コール　アン　アンビュランス

パトカー	**a patrol car**
	ア　パトロウ　カー
消防車	**a fire truck**
	ア　ファイア　トラック
レッカー車（事故対応車）	**a tow truck**
	ア　トウ　トラック

すぐお医者さんに診ていただきたいのですが。
I want to see a doctor immediately.
アイ　ウォン　トゥ　スィー　ア　ダクター　イミディエイトリィ

夕方	**late this afternoon**
	レイト　ディス　アフタヌーン
今夜	**tonight**
	トゥナイト
明日の朝一番	**first thing tomorrow morning**
	ファースト　スィン　トゥモロウ　モーニン

| シナリオ | 病院に着いて医師に症状を言う |

お腹が痛い。
I have a stomachache.
アイ　ハヴ　ア　スタマックエイク

頭痛	**a headache** ア　ヘデイク
歯痛	**a toothache** ア　トゥースエイク
熱（がある）	**a fever** ア　フィーヴァー
風邪	**a cold** ア　コウルド
筋肉痛	**sore muscles** ソア　マスルズ
二日酔い	**a hangover** ア　ハングオーバー
貧血	**anemia** アニーミア
食あたり（食中毒）	**food poisoning** フード　ポイズニング

めまいがします。
I feel dizzy.
アイ フィール ディズィ

寒気	**chilly** チリー
鈍痛	**a dull pain** ア ダル ペイン
ずきずきする	**a throbbing pain** ア スロビン ペイン
きりきりする	**a sharp pain** ア シャープ ペイン
ひりひりする	**a stinging sensation** ア スティンギン センセイション

虫に刺されました。
I was bitten by an insect.
アイ ワズ ビトゥン バイ アン インセクト

蚊	**a mosquito** ア モスキート
むかで	**a centipede** ア センティピード

左足首をねんざしました。
I twisted my left ankle.
アイ トゥウィスティド マイ レスト アンコウ

※ I sprained my left ankle. でもOK
　アイ スプレインド マイ レフト アンコウ

右手首	**my right wrist**
	マイ　　ライト　　　リスト
首	**my neck**
	マイ　　ネック
腕	**my arm**
	マイ　　アーム

こうすると痛むんです。
It hurts when I turn this way.
イッ ハーツ ウェナイ ターン ディス ウェイ

顔を上げると	**I look up**
	アイ　　ルカップ
そこに触れると	**I touch it**
	アイ　　タッチィ

ひとくちメモ

「首を寝違えた」は、I have strained my neck. です。今も痛い症状が続いていることを表すとき、現在完了形 have + strained にして「継続中」をアピールします。

ここがひどく痛みます。
I have a severe pain here.
アイ ハヴ ア スィヴィア ペイン ヒア

少し痛む	**a little pain** ア リトル ペイン
我慢できないくらい痛む	**unbearable pain** アンベアラブル ペイン
だんだん痛くなってきた	**an escalating pain** アン エスカレイティング ペイン

1〜2回嘔吐しました。
I vomited a few times.
アイ ヴォミティッド ア フュー タイムズ

立ちくらみ	**have blackouts** ハヴ ブラックアウツ

> シナリオ　数日間熱が下がりません。咳と鼻水もひどく、眠れないのですが…。

ここ数日間ずっと熱があるんです。
I've been running a fever over the last few days.

昨夜から	since last night
この1週間	for a week now
今朝から	from this morning

鼻水が出るし…。
I have a runny nose.

鼻がつまっている	a stuffy nose

ひとくちメモ

「鼻がムズムズする」というときは、My nose tickles. です。

喉がひりひりします。
I have a sore throat.
アイ　ハヴ　ア　ソア　スロート

咳がひどい	a nasty cough ア　ナスティ　カフ
ものを飲み込むと喉が痛い	a pain when I swallow ア　ペイン　ウェナ イ　スワロウ

一日中咳がでます。
I've been coughing all day.
アイヴ　ビーン　コウフィン　オール　デイ

一日中くしゃみ	sneezing all day スニーズィン　オール　デイ

何も食べられません。
I can't eat anything.
アイ　キャント　イート　エニスィング

飲め（ない）	drink ドゥリンク
噛め（ない）	chew チュー

食中毒じゃないかと思うんですが…。
I was wondering if it's food poisoning.
アイ　ワズ　　　　ワンダリン　　　イフ　イッツ　フード
ポイズニン

盲腸	**appendicitis** アペンディサイティス
熱中症	**heat stroke** ヒート　ストローク
極度の疲労	**fatigue** ファティーグ
極度の心配	**anxiety** アングザイアティ

ひとくちメモ　painとacheの微妙なニュアンスの違い

pain のイメージは急性で程度が激しい痛みです。たとえば「するどい」を意味する sharp を使って、I have a sharp pain in my stomach.（お腹にするどい痛みがあります）のように使われます。

一方、ache のイメージは慢性的で鈍い痛みです。I have an ache in my neck. と言うと、首の痛みは「痛むけど、耐えられないほどではない」といった具合です。

でも、ache を stomachache（腹痛）、toothache（歯痛）のように身体の部位と合体させて使うときは、激しい痛みも表します。たとえば、I have a terrible headache. は「激しい頭痛」を表現できます。

| シナリオ | ひどい頭痛でまともに歩けません。市販の頭痛薬では効き目がないようなのですが…。 |

CD-74

ズキズキする痛みです。
It's throbbing.
イッツ　スロビン

| チクチク刺されるような痛み | **a sharp prick**
ア　シャープ　プリック |

パナドールは飲みました。
I've taken some panadol.
アイヴ　テイクン　サム　パナドール

| 市販の薬 | **over-the-counter drugs**
オーバー　ダ　カウンター　ドゥラグス |
| 日本から持ってきた薬 | **medicine brought from Japan**
メディスン　ブロウト　フロム　ジャパン |

ひとくちメモ

難しいつづり・読み方をもう一度チェックしておきましょう。
- 吐き気　nausea（ノーズィア）
- 下痢　diarrhea（ダイアリア）
- 食中毒　food poisoning（フード　ポイズニング）

でも全く効き目がありません。
But it's not doing any good.
バット イッツ ナット ドゥーイン エニィ グッド

役に立たない	**useless** ユースレス
反応しない	**not effective** ナット イフェクティヴ
作動しない	**not working** ナット ワーキング

ひとくちメモ　薬パッケージに印刷してある英単語

- ●食前　　　before meals
　　　　　　ビフォア　ミールズ
- ●食後　　　after meals
　　　　　　アフター　ミールズ
- ●寝る前　　before retiring at night
　　　　　　ビフォア　リタイアリング　アット　ナイト
- ●30分以内　within 30 minutes
　　　　　　ウィスィン　サーティ　ミニッツ
- ●1回3錠　three times a day
　　　　　　スリー　タイムズ　ア　デイ

108

> シナリオ　胃がキリキリ痛む…。

胃がキリキリ痛みます。
I have a stabbing pain in the stomach.
アイ　ハヴ　ア　スタビン　ペイン　イン　ザ　ストマック

するどい痛み	an acute pain (アン アキュート ペイン)
猛烈な痛み	a raging pain (ア レイジン ペイン)
重い痛み	a heavy pain (ア ヘビー ペイン)
締めつけられる痛み	a gripping pain (ア グリッピン ペイン)
刺し込まれたような痛み	a gnawing pain (ア ノウイン ペイン)
鈍い痛み	a dull pain (ア ダル ペイン)
激痛	a severe pain (ア スィヴィア ペイン)
焼けるような感じ	a burning sensation (ア バーニング センセイション)

食欲がありません。
I have no appetite.
アイ　ハヴ　ノー　アペタイト

声が出ない	**no voice** ノー　ヴォイス
痛みはない	**no pain** ノー　ペイン
方向音痴	**no sense of direction** ノー　センス　オブ　ディレクション
脚が伸ばせない	**no legroom** ノー　レグルーム
元気がない	**no energy** ノー　エナジー
選択肢がない	**no choice** ノー　チョイス

病院の受付から聞かれる英語表現 CD-76

- 初診ですか？
  Is this your first visit here?

- 診察申込書に記入してください。
  Please fill out this registration form.

- 問診票に記入してください。
  Please fill out the medical questionnaire.

- 呼ばれるまでこちらでお待ちください。
  Please wait here until you are called.

- すぐに先生が診てくれますよ。
  The doctor will be with you shortly.

ドクターから聞かれる英語表現 CD-77

- どんな感じの痛みですか？
  What does the pain feel like?

- どうすれば痛みますか？
  What causes the pain?

- どれくらい痛みますか？
  How severe is the pain?

- 痛みはいつ始まりましたか？
  When did the pain start?

- 何かアレルギーはありますか？
  Do you have any allergies?

> シナリオ　歯医者に診てもらいたいのに、予約がいっぱい… さぁどうする？

痛みが耐えられない。
The pain is unbearable.
ザ　ペイン　イズ　アンベアラボウ

この暑さ	**This heat** ディス ヒート
この寒さ	**This cold** ディス コウルド

すぐに医者に診ていただけますか？
Could I see a doctor right a way?
クダ イ スィー ア ドクター　ライ タ ウェイ

専門医	**specialist** スペシャリスト
栄養士	**nutritionist** ニュートリショニスト
小児科医	**pediatrician** ピデアトリシャン

今日診てもらえる他の歯科医を紹介していただけますか？

Would you refer me to another dentist who is able to see me today?

ウッジュ　リフェア　ミー　トゥ　アナザー　デンティスト　フー　イズ　エイボウ　トゥ　スィー　ミー　トゥデイ

内科医	doctor of internal medicine ダクター　オブ　インターナル　メディスン
外科医	surgeon サージェン
眼科医	eye doctor アイ　ダクター
耳鼻科医	E.N.T. specialist イヤーノーズエンスロート　スペシャリスト
整形外科医	orthopedist オーソピーディスト

| シナリオ | 具体的に痛みについて説明する…。 |

CD-79

前歯が甘いものを食べるとしみます。
My front tooth is sweet sensitive.
マイ　フロント　トゥース　イズ　スウィート　センシティヴ

※ My front tooth is sensitive to sweets でも OK
マイ フロント トゥース イズ センシティヴ トゥ スウィーツ

常に痛い	**in constant pain** イン　コンスタント　ペイン
食べるときだけ痛い	**painful only when I eat** ペインフル　オンリー　ウェナ イ　イート
冷たいものを食べると痛い	**sensitive to anything cold** センシティヴ　トゥ　エニィスィング　コウルド
熱いものものを食べると痛い	**sensitive to anything hot** センシティヴ　トゥ　エニィスィング　ハット
ズキズキ痛む	**throbbing** スロビン
ぐらぐらする	**loose** ルース

奥歯がズキズキ痛みます。
I have throbbing pain from the back tooth.
アイ ハヴ スロビン ペイン フロム ザ バック トゥース

右の奥歯	**the right back tooth** ザ ライト バック トゥース
左の奥歯	**the left back tooth** ザ レスト バック トゥース

痛みは1時間前からです。
One hour ago.
ワン ナワー アゴー

2時間前から	**Two hours ago** トゥ アワーズ アゴー
3時間ほど前から	**Around three hours ago** アラウンド スリー アワーズ アゴー
夕べから	**Since last night** スィンス ラスト ナイト

歯がとれました。
My tooth came out.
マイ　トゥース　ケイム　アウト

詰め物	**My tooth filling** マイ　トゥース　フィリング
かぶせ物	**My tooth crown** マイ　トゥース　クラウン

ひとくちメモ　その他の歯の症状を伝える英語表現

●歯が欠けました。
The tooth got chipped.
ザ　トゥース　ガット　チップド

●歯が折れました。
The tooth broke.
ザ　トゥース　ブローク

●歯茎が痛む。
My gums hurt.
マイ　ガムズ　ハート

●歯が少しグラグラします。
The tooth is a little loose.
ザ　トゥース　イズ　ア　リトル　ルース

●歯を磨くと出血します。
It bleeds when I brush my teeth.
イッ　ブリーズ　ウェナ　イ　ブラッシュ　マイ　ティース

ドクター・看護師の診断フレーズ

- 診察をしますね。 — Let's take a look.
- 血圧を測ります。 — I'm going to take your blood pressure.
- 腕を伸ばしてください。 — Would you straighten your arm, please?
- 大きく息を吸って、そのまま止めてください。 — Take a deep breath in, and hold it, please.
- 唾を飲んでください。 — Please swallow.
- 強く目をつむってください。 — Squeeze your eyes tight.
- 歯を見せてください。 — Show me your teeth.
- 頬を膨らませてください。 — Puff out your cheeks.
- 目で私の指を追ってください。 — Follow my finger just with your eyes.
- ベッドに上がって仰向けになってください。 — Hop onto the bed and lie on your back, please.
- 入院してください。 — You should be hospitalized.
- 1週間の安静が必要となります。 — You need to rest for a week.

救急車で救急隊員から聞かれるフレーズ

- 呼吸は苦しくないですか？ **Can you breathe?**
- どのあたりが痛いですか？ **Where does it hurt?**
- どんな痛みですか？ **Can you describe the pain?**
- ここはどんな感じですか？ **How does it feel here?**
- これは痛む？ **Does this hurt?**
- 他に出血していますか？ **Are you bleeding anywhere else?**
- 何かいま薬を飲んでいますか？ **Are you currently taking any medication?**
- 何があったか教えてください。 **Tell me what happened.**
- 保険は入っていますか？ **Do you have insurance?**

● からだの名称

頭
head
ヘッド

のど
throat
スロート

首
neck
ネック

肩
shoulder
ショルダー

腕
arm
アーム

手
hand
ハンド

指
finger
フィンガー

親指
thumb
サム

小指
pinky
ピンキー

中指
middle finger
ミドル　フィンガー

人差し指
index finger
インデックス フィンガー

脚
leg
レグ

ひざ
knee
ニー

足
foot
フット

すね
thigh
サイ

へそ
navel
ネイボウ

腹
stomach
ストマック

脇腹
side
サイド

股間
groin
グロイン

性器
sexual organ
セクシャル　オーガン

● からだの名称

足の裏
sole
ソール

ひじ
elbow
エルボウ

尻
buttocks
バトクス

背中
back
バック

腰
lower back
ロウアー　バック

こう門
anus
エイナス

つめ
nail
ネイル

● 顔の名称　　　CD-83

目
eye
アイ

ひたい
forehead
フォアヘド

鼻
nose
ノーズ

耳
ear
イヤー

耳の穴
earhole
イヤーホール

鼓膜
eardrum
イヤードラム

唇
lip
リップ

口
mouth
マウス

眉
eyebrow
アイブラウ

まつげ
eyelash
アイラシ

頬（ほお）
cheek
チーク

● 歯の名称　　　CD-84

奥歯
back tooth
バック　トゥース

前歯
front tooth
フロント　トゥース

犬歯
canine
ケイナイン

親知らず
wisdom tooth
ウィズダム　トゥース

● 骨の名称

骨
bone
ボーン

骸骨
skeleton
スケルトン

頭蓋骨
skull
スカル

喉仏
Adam's apple
アダムス　アッポウ

背骨
backbone
バックボーン

鎖骨
collarbone
カラーボーン

肋骨
rib
リブ

骨盤
pelvis
ペルヴィス

大腿骨
thighbone
サイボーン

関節
joint
ジョイント

指関節
knuckle
ナッコウ

● 内臓の名称

脳
brain
ブレイン

心臓
heart
ハート

肝臓
liver
リヴァー

すい臓
pancreas
パンクリエス

腎臓
kidney
キドゥニィ

胃
stomach
ストマック

十二指腸
duodenum
デューアディーナム

脊髄
spinal cord
スパイナル　コード

ぼうこう
bladder
ブラダー

大腸
large intestine
ラージ　インテスティン

小腸
small intestine
スモール　インテスティン

血液
blood
ブラッド

血管
blood vessel
ブラッド　ヴェセル

動脈
artery
アーテリィ

静脈
vein
ヴェイン

警察

trouble

シナリオ	外出中にカバンの盗難にあいました。最寄りの警察署の場所を尋ねたいのですが…。

CD-87

ここから一番近い警察署はどこですか？
Where is the nearest police station?
ウェア　イズ　ザ　ニアレスト　ポリス　ステイション

コンビニ	**convenience store**
	コンビニエンス　ストア
バス停	**bus stop**
	バス　ストップ

そこまで行く道を教えてください。
Please show me the way to get there.
プリーズ　ショウ　ミー　ザ　ウェイ　トゥ　ゲッ　ゼア

ガソリンスタンド（まで行く）	**to get to the gas station**
	トゥ　ゲッ　トゥ　ザ　ガス　ステイション
最寄りの駅（まで行く）	**to get to the nearest station**
	トゥ　ゲッ　トゥ　ザ　ニアレスト　ステイション

> シナリオ 警察に事情を説明し、カバンの特徴と中身を伝えなければいけません。

CD-88

かばんを盗まれました。
My bag was stolen.
マイ　バッグ　ワズ　ストーレン

自転車	**My bicycle** マイ　バイシクル
音楽プレーヤー	**My portable music player** マイ　ポータボウ　ミュージック　プレイヤー
大事な書類	**My important document** マイ　インポータント　ドキュメント
札束	**My stack of money** マイ　スタック　オブ　マニィ

黒い皮のかばんです。
It's a black leather bag.
イッツ　ア　ブラック　レザー　バッグ

白いコットンのトートバッグ	**a white cotton tote** ア　ホワイト　コットン　トート
青いナイロン製のかばん	**a blue nylon bag** ア　ブルー　ナイロン　バッグ

中には財布とパスポートと携帯電話を入れていました。
Inside are my wallet, passport and mobile phone.

本と雑誌と手帳	book, magazine, and notebook
メガネと手袋とコンタクトレンズ	glasses, gloves, and contact lenses
サッカーボールとタオルと予備の靴下	soccer ball, towel, and extra socks

現金も少々入っています。
I had some cash in it as well.

※「同様に〜」と言う場合は as well が使えます

小銭	small change

| シナリオ | 事故に遭遇、救急車を呼びたい…。 |

CD-89

直ちに救急車を出動させてください。
I need an ambulance immediately.
アイ ニード アン アンビューランス イミディエイトリィ

消防車	**fire truck** ファイア トラック
パトカー	**police car** ポリス カー
タクシー	**taxi** タクシー ※ cab でも OK キャブ

人が撃たれました。
Someone has been shot.
サムワン ハズ ビーン ショット

刺され	**been stabbed** ビーン スタブド
倒れ	**collapsed** コラプストゥ
橋から飛び降り	**jumped off a bridge** ジャンプトゥ オフ ア ブリッジ

> シナリオ　ぜんぜん言葉が通じない…どうしよう。

CD-90

あなたが何を言っているのか分かりません。
I don't understand a word you're saying.
アイ　ドン　アンダースタンド　ア　ワード　ユーアー　セイイング

あなたの言っていることが	**what you are saying** ワッ　ユー　アー　セイイング
あなたの指示が	**your instructions** ユア　インストラクションズ

日本語が話せる人はいませんか？
Is there anybody who can speak Japanese?
イズ　ゼア　エニバディ　フー　キャン　スピーク　ジャパニーズ

日本語が書ける人	**who can write Japanese** フー　キャン　ライト　ジャパニーズ
日本語から英語に訳せる人	**who can translate my Japanese to English** フー　キャン　トランスレート　マイ　ジャパニーズ　トゥ　イングリッシュ

警察署で聞かれるフレーズ

- どうかされましたか？ — What's the matter with you?
- どんなバッグですか？ — What kind of bag?
- 何が入ってましたか？ — What's in it?
- 中にいくら入っていましたか？ — How much money did you have in your wallet?
- 他に盗られたものはありませんか？ — Was anything else stolen?
- この書類に記入してもらえますか？ — Could you fill out this form?
- 見つけしだい連絡します。 — We'll call you if we find it.

ひとくちメモ

こんなときは在外公館（大使館・総領事館）を頼ろう！

●事故に遭ったり、入院したとき
- 日本人がよく行く病院や日本語の通じる医者を紹介してもらえる
- 日本にいる家族へ連絡してもらえる（※本人ができない場合）
- 現地警察や保険会社へ連絡してもらえる（※本人ができない場合）
- 死亡事件・事故の場合、遺体の身元確認、荼毘、死亡証明書の発給について助言をもらえる

●所持金や所持品（パスポートなど）をなくしたとき
- 現地警察への届出方法を教えてもらえる
- 家族や知人による日本からの送金方法を教えてもらえる
- パスポートの新規発給、帰国のための渡航書の発給をしてもらえる（※要手数料）

●海外で行方不明になった家族を探したいとき
- 現地事情に合った捜索の方法、現地警察への捜索願のだし方を助言してもらえる
- 犯罪に巻き込まれている可能性がある場合、現地警察に対して捜査の申入れをしてもらえる

→157～159ページに在外公館の電話番号一覧あり

指さしでカンタン！
SOS英単語集

もしものとき、とっさのとき、言葉がパッと思い浮かばなくても、これさえあれば「指さし感覚」で言いたいことが伝わります。

※注意！中指で指さすのは危険

英米圏の国々で中指（middle finger）を立てるのは、他人を嘲笑したり、侮辱するときに使うジェスチャーであり、かなり危険です。できれば人差し指（index finger）を使うようにしましょう。

空港・機内

使いこなすならこのフレーズ！

☐ はどこですか？

Where is the ☐ ?
ウェア　イズ　ザ

- 搭乗ゲート **boarding gate** ボーディング ゲイト
- ターミナル **terminal** ターミナル
- チェックインカウンター **check-in counter** チェック イン カウンター
- 両替所 **currency exchange** カレンシー イクスチェンジ
- 手荷物受取所 **baggage claim** バゲージ クレイム
- 授乳室 **nursery** ナーサリィ
- 遺失物取扱所 **lost & found** ロスト エン ファウンド
- 医務室 **clinic** クリニック
- 薬局 **pharmacy** ファーマシィ
- トイレ **restroom** レストルーム

使いこなすならこのフレーズ！

☐ はどこですか？

Where are the ☐ ?
ウェア　アー　ザ

※複数形の場合

- コインロッカー **baggage lockers** バゲージ ロッカーズ
- カート **luggage carts** ラゲージ カーツ

指さしでカンタン！ SOS英単語集

使いこなすならこのフレーズ！

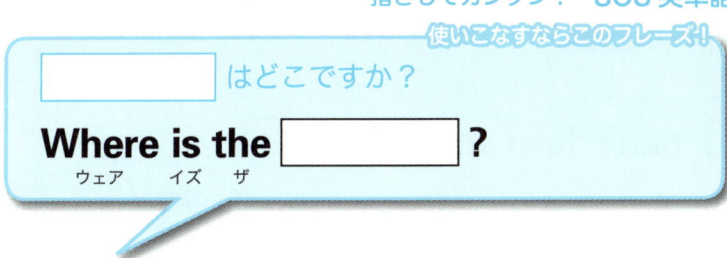

☐ はどこですか？

Where is the ☐ **?**
ウェア　イズ　ザ

乗り継ぎカウンター
transfer counter
トランスファー　カウンター

入国審査員
immigration officer
イミグレーション　オフィサー

バス乗り場
bus station
バス　ステーション

列車の駅
train station
トレイン　ステーション

出口
exit
エグジット

入口
entrance
エントランス

公衆電話
pay phone
ペイ　フォン

案内所
information center
インフォメーション　センター

ターンテーブル
carousel
カロ―セル

喫煙所
smoking area
スモーキング　エリア

国内線ターミナル
domestic terminal
ドメスティック　ターミナル

保険会社のカウンター
insurance company counter
インシュランス　カンパニー　カウンター

空港・機内

ホテル

外出

レンタカー・アクティビティ

病院

使いこなすならこのフレーズ！

☐ が見つかりません。

I can't find my ☐.
アイ キャント ファインド マイ

- スーツケース
  suitcase
  スートゥケース

- ボストンバッグ
  overnight bag
  オーバーナイト バッグ

- バックパック
  backpack
  バックパック

- ベビーカー
  baby stroller
  ベイビー ストローラー

- メガネ
  glasses
  グラシーズ

- 財布
  wallet
  ウォレト

- 手荷物引換証
  claim check
  クレイム チェック

- パスポート
  passport
  パスポート

- 航空券
  air ticket
  エア ティケット

- 折り畳み傘
  folding umbrella
  フォールディン アンブレラ

機内アナウンスの単語

離陸	着陸	乱気流	緊急の
take-off	landing	turbulence	emergency
テイ コフ	ランディング	タービュレンス	エマージェンシー

使いこなすならこのフレーズ！

☐ してもらえますか？

Could you ☐ **?**
クッ　　ジュー

見つけて	手を貸して	この子を見ていて（女の子）
find it	help me	watch her
ファイン ディ	ヘゥプ ミー	ワッチ ハー

この子を見ていて（男の子）	水を持ってきて
watch him	bring me some water
ワッチ ヒム	ブリング ミー サム ウォーター

ホテル

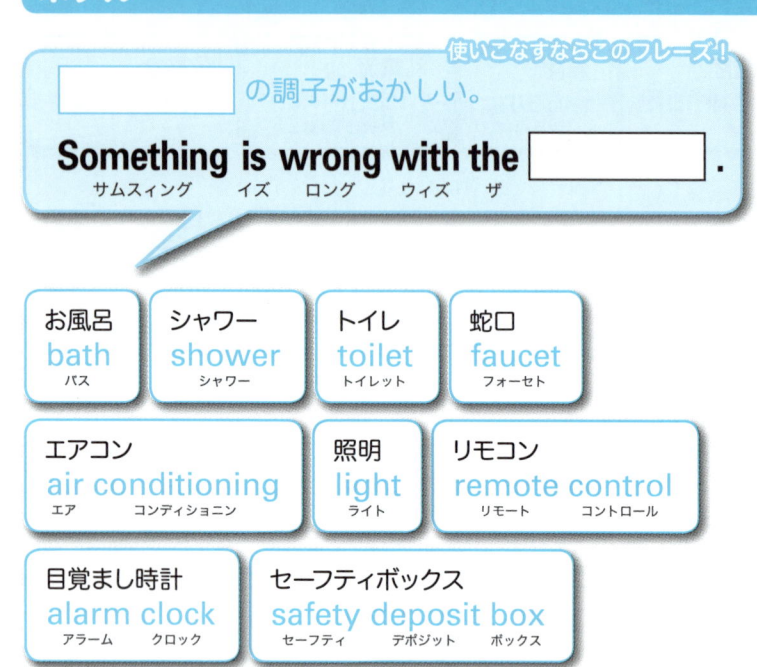

使いこなすならこのフレーズ！

☐ の調子がおかしい。

Something is wrong with the ☐ .
サムスィング　イズ　ロング　ウィズ　ザ

お風呂	シャワー	トイレ	蛇口
bath	shower	toilet	faucet
バス	シャワー	トイレット	フォーセト

エアコン	照明	リモコン
air conditioning	light	remote control
エア　コンディショニン	ライト	リモート　コントロール

目覚まし時計	セーフティボックス
alarm clock	safety deposit box
アラーム　クロック	セーフティ　デポジット　ボックス

指さしでカンタン！ SOS英単語集

使いこなすならこのフレーズ！

☐ の調子がおかしい。

Something is wrong with the ☐ .
サムスィング　イズ　ロング　ウィズ　ザ

自動販売機	電話	ドアの錠
vending machine	phone	door lock
ベンディング　マシーン	フォン	ドア　ロック

部屋のカギ	ネット接続	テレビ
room key	online access	TV
ルーム　キー	オンライン　アクセス	ティーヴィー

ドライヤー	アイロン	天井扇	換気扇
hair dryer	iron	ceiling fan	vent
ヘア　ドライヤー	アイロン	シーリング　ファン	ヴェント

空港・機内

ホテル

外出

レンタカー・アクティビティ

病院

使いこなすならこのフレーズ！

_____ がない。

There is no _____ .
ゼア　イズ　ノー

- お湯（がでない） hot water ハット ワラ
- シャンプー shampoo シャンプー
- リンス conditioner コンディショナー
- タオル towel タウル
- 石鹸 soap ソープ
- トイレットペーパー toilet paper トイレット ペイパー
- ティッシュ tissue ティシュー
- 電気 electricity イレクトリシティ
- 電話回線 phone connection フォーン コネクション
- 毛布 blanket ブランケット
- 洗濯物入れ laundry bag ランドリー バッグ

郵便はがき

料金受取人払

杉並支店承認

3075

差出有効期間
平成27年1月
31日まで

1 6 6 - 8 7 9 0

東京都杉並区
高円寺北2-29-14-705

Jリサーチ出版

「愛読者カード係」行

|||||||||||||||||||||||||||||||||||||||||||||||||||

自宅住所 電話番号	〒　　　　　電話（　　　）			
フリガナ 氏　　名				
メールアドレス				
ご職業 または 学校名			男 ・ 女	年齢
ご購入 書店名				

※本カードにご記入いただいた個人情報は小社の商品情報のご案内
　を送付する目的にのみ使用いたします。

本書の書名をご記入ください

[　　　　　　　　　　　　　　　　　　　　　　　　　　　　]

Q この本をお買いになった動機についてお書きください。

Q 本書についてご感想またはとりあげてほしい内容についてお書きください。

Q 本書をご購入されたきっかけは何ですか。
1.書店で見て　　　　　　　　2.新聞広告　　　　　　　　　3.雑誌広告
4.書評・紹介記事　　　　　　5.小社ホームページ
6.電子メールサービス　　　　7.その他インターネット(　　　　　　　　　　)
8.図書目録　　　　　　　　　9.知人の勧め　　　10.先生の指定教材として
11.その他(　　　　　　　　　　　　　　　　　　　　　　　　　　　　)

ご協力ありがとうございました。

●小社新刊案内（無料）を希望する。　　□郵送希望　□メール希望　□希望しない
●お客様のご意見・ご感想を新聞・雑誌広告・小社ホームページ等で掲載してもよい。
　　　　　　　　　　　　　　□実名で　　□匿名（性別・年齢のみ）で

http://www.jresearch.co.jp

指さしでカンタン！　SOS英単語集

使いこなすならこのフレーズ！

部屋に　　　　　がいます。

There is　　　　　in the room.
ゼア　イズ　　　　　　　　　イン　ザ　　ルーム

不審者
an intruder
ア　　イントルーダー

強盗
a robber
ア　　ラバァ

のら犬
a stray dog
ア　　ストレイ　ドッグ

のら猫
a stray cat
ア　　ストレイ　キャット

毒グモ
a poisonous spider
ア　　ポイズナス　　　スパイダー

ムカデ
a centipede
ア　　センティピード

トカゲ
a lizard
ア　リザード

ハチ
a bee
ア　ビー

アリの群れ
a colony of ants
ア　　コロニィ　オブ　アンツ

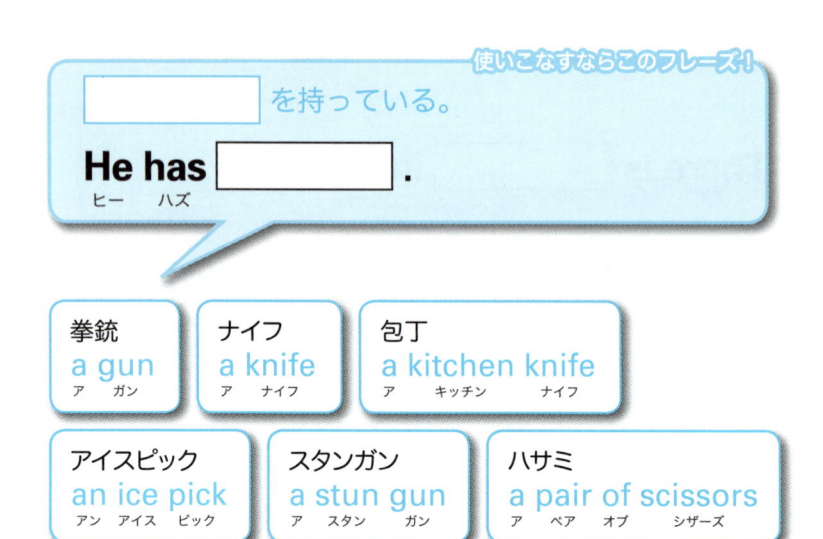

使いこなすならこのフレーズ！

☐ を持っている。

He has ☐ .
ヒー　ハズ

拳銃	ナイフ	包丁
a gun	a knife	a kitchen knife
ア　ガン	ア　ナイフ	ア　キッチン　ナイフ

アイスピック	スタンガン	ハサミ
an ice pick	a stun gun	a pair of scissors
アン　アイス　ピック	ア　スタン　ガン	ア　ペア　オブ　シザーズ

緊急事態に飛び交う言葉

動くな！	動くな！	ひざまづけ！
Freeze!	Don't move!	Get on your knees!
フリーズ	ドン　ムーヴ	ゲッ　オン　ニュア　ニーズ

動くな！	手を上げろ！
Stay right where you are.	Hands up!
ステイ　ライト　ウェア　ユー　アー	ハンザ　ップ

伏せろ！	失せろ！	近寄るな！	行け！
Get down!	Beat it!	Stay away!	Go!
ゲッ　ダウン	ビートゥ　イット	ステイ　アウェイ	ゴー

外出

使いこなすならこのフレーズ！

▢ を探しています。

I'm looking for ▢ **.**
アイム　ルッキン　フォー

薬	包帯	消毒液
medicine	a bandage	some antiseptic
メディスン	ア　バンディッジ	サム　アンティセプティック

虫よけスプレー
an insect repellent spray
アン　インセクト　リペレント　スプレイ

使いこなすならこのフレーズ！

▢ の薬をください。

Some medicine for ▢ **, please.**
サム　メディスン　フォー　　　　　　　　プリーズ

切り傷	すり傷	打ち身	痛み止め
a cut	a scratch	a bruise	pain
ア　カット	ア　スクラッチ	ア　ブルーズ	ペイン

酔い止め
motion sickness
モーション　スィックネス

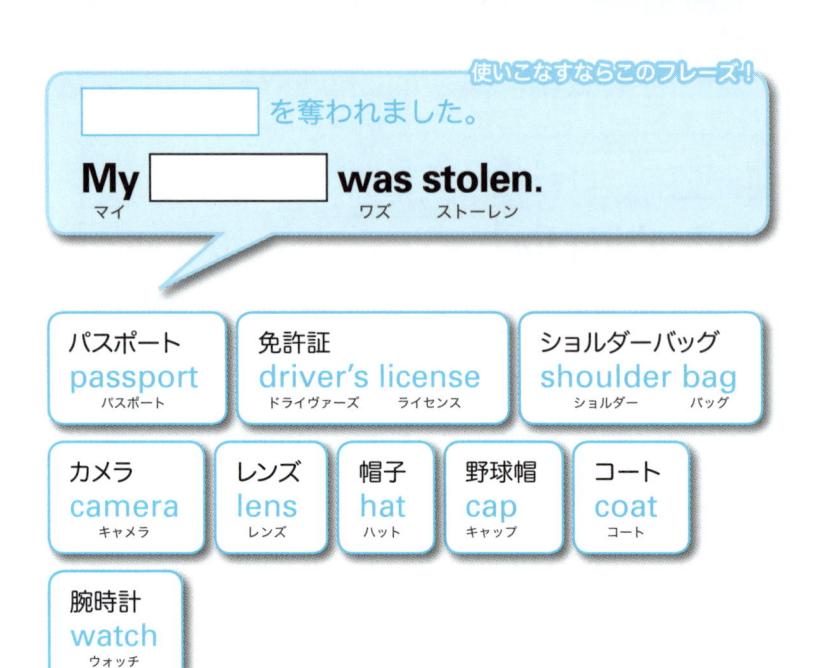

使いこなすならこのフレーズ！

☐ を奪われました。

My ☐ **was stolen.**
　マイ　　　　　　　　　ワズ　ストーレン

パスポート	passport	パスポート
免許証	driver's license	ドライヴァーズ ライセンス
ショルダーバッグ	shoulder bag	ショルダー バッグ
カメラ	camera	キャメラ
レンズ	lens	レンズ
帽子	hat	ハット
野球帽	cap	キャップ
コート	coat	コート
腕時計	watch	ウォッチ

指さしでカンタン！ SOS英単語集
使いこなすならこのフレーズ！

▭ を貸してください。

Could you lend me ▭ ?
クッ　ジュー　レンド　ミー

携帯電話
your cell phone
ユア　セル　フォン

お金
some money
サム　マニィ

タクシー代
taxi fare
タクシー　フェア

鏡
your mirror
ユア　ミラー

そのサングラス
those sunglasses
ズォーズ　サングラスィズ

使いこなすならこのフレーズ！

☐☐☐☐☐ はどこですか？

Where is the ☐☐☐☐☐ ?
ウェア　イズ　ザ

警察署
police station
ポリス　ステイション

病院
hospital
ホスピトウ

日本大使館
Japanese Embassy
ジャパニーズ　エンバスィ

日本領事館
Japanese Consulate
ジャパニーズ　コンソレート

最寄りの駅
nearest station
ニアレスト　ステイション

公衆トイレ
public toilet
パブリック　トイレット

指さしでカンタン！　SOS英単語集

道に迷う…

使いこなすならこのフレーズ！

ロブソン　　　　　　　はどこですか？

Where is Robson　　　　　　?
　ウェア　　　イズ　　　ロブソン

- ～通り
  Street（St.）
  ストリート

- ～大通り
  Avenue（Ave.）
  アヴェニュー

- ～広場
  Square（Sq.）
  スクウェー

- ～駅
  Station
  ステイション

- ～公園
  Park
  パーク

- ～教会
  Church
  チャーチ

- ～大聖堂
  Cathedral
  カスィードラウ

- ～劇場
  Theater
  シアター

- ～美術館（博物館）
  Museum
  ミュージアム

- ～寺院
  Abbey
  アビー

- ～城
  Castle
  キャスル

- ～宮殿
  Palace
  パレス

- ～の像
  Statue
  スタチュ

145

距離や方向を尋ねたい…

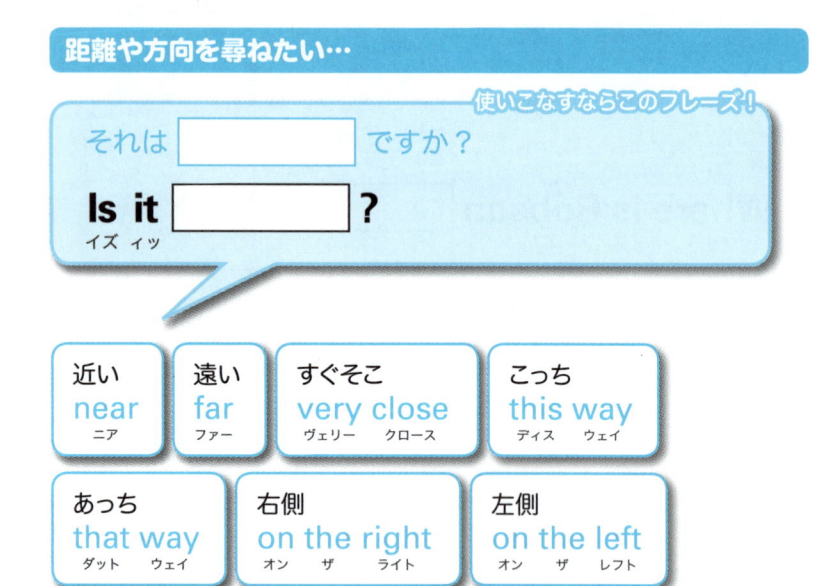

使いこなすならこのフレーズ！

それは _____ ですか？

Is it _____ ?
イズ イッ

近い	遠い	すぐそこ	こっち
near	far	very close	this way
ニア	ファー	ヴェリー クロース	ディス ウェイ

あっち	右側	左側
that way	on the right	on the left
ダット ウェイ	オン ザ ライト	オン ザ レフト

レンタカー・アクティビティ

車をレッカーされた…

使いこなすならこのフレーズ！

私のレンタカーが _____ 。

My rental car _____ .
マイ　レンタル　カー

| レッカーされた
got towed
ガット　トウド | 盗まれた
got stolen
ガット　ストーレン | 傷を付けられた
was damaged
ワズ　ダメジドゥ |

| ぶつけられた
was hit
ワズ　ヒット | 窓を割られた
window was broken
ウィンドウ　ワズ　ブロークン |

| どろどろに汚された
got extremely dirty
ガット　エクストリームリィ　ダーティ | 落書きされた
got graffiti written on it
ガット　グラフィティ　リトゥン　オニ　ット |

> 使いこなすならこのフレーズ！
>
> どこにいるのですか？
> **Where exactly are you?**
> ウェア　イグザクトリィ　アー　ユー
>
> 私は今、ロブソン公園の ▢ にいます。
>
> **I'm ▢ Robson park now.**
> アイム　　　　　　　　ロブソン　パーク　ナウ

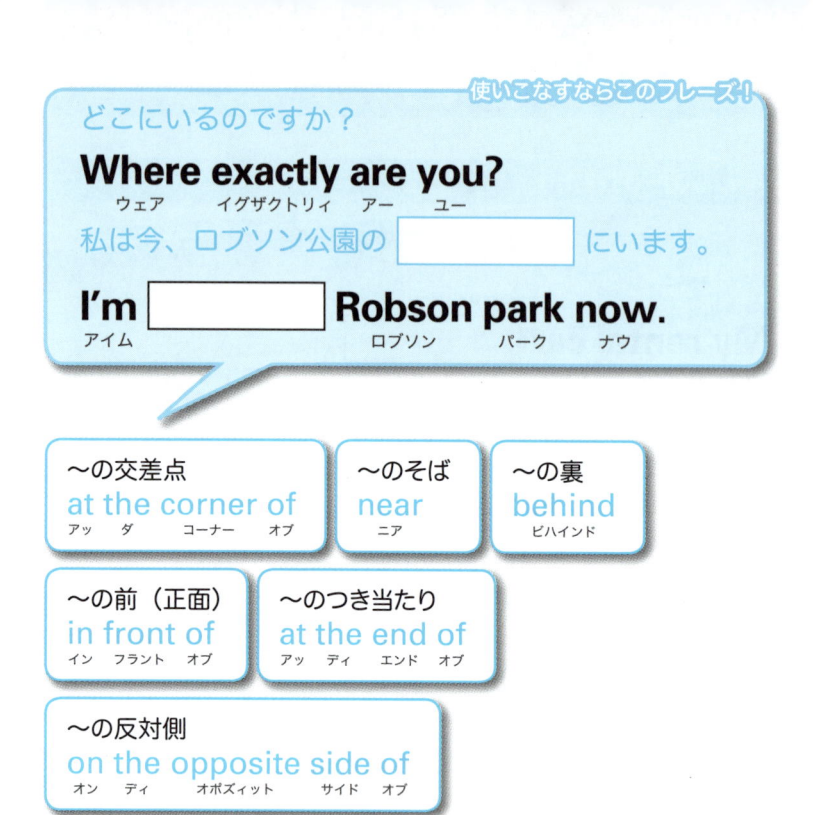

~の交差点
at the corner of
アッ　ダ　コーナー　オブ

~のそば
near
ニア

~の裏
behind
ビハインド

~の前（正面）
in front of
イン　フラント　オブ

~のつき当たり
at the end of
アッ　ディ　エンド　オブ

~の反対側
on the opposite side of
オン　ディ　オポズィット　サイド　オブ

※具体的な場所を聞くときは、exactlyを付けます。

指さしでカンタン！ SOS英単語集

道路にある目印を伝える

道路の避難レーン
emergency lane
エマージェンシー　レーン

横断歩道
crosswalk
クロスウォーク

信号
traffic light
トラフィック　ライト

すぐそこ
right there
ライト　ゼア

向こう
over there
オーバー　ゼア

途中
on the way
オン　ダ　ウェイ

〜の看板
billboard of 〜
ビルボード　オブ

使いこなすならこのフレーズ！

　　　　　　べきですか？

Should I □ ?
シュ　ダイ

まっすぐ行く
go straight
ゴー　ストレイ

引き返す
go back
ゴー　バック

右へ曲がる
turn right
ターン　ライト

左へ曲がる
turn left
ターン　レフト

最初の角で曲がる
turn at the first corner
ターン　アッ　ダ　ファースト　コーナー

2番目の角で曲がる
turn at the second corner
ターン　アッ　ダ　セカンド　コーナー

3番目の角で曲がる
turn at the third corner
ターン　アッ　ダ　サード　コーナー

通りを渡る
cross the street
クロス　ダ　ストリート

指さしでカンタン！ SOS 英単語集

使いこなすならこのフレーズ！

☐ を起こしました。

There has been ☐ .
ゼア　　ハズ　　ビーン

接触事故
a minor collision
ア　マイナー　コリジョン

衝突事故
a crash
ア　クラッシュ

玉突き事故
a pileup
ア　パイルアップ

接触事故
a fender-bender
ア　フェンダー　ベンダー

追突事故
a rear-end collision
ア　リア　エンド　コリジョン

人身事故
a fatal accident
ア　フェイタル　アクシデント

水難事故
a water accident
ア　ワラ　アクシデント

151

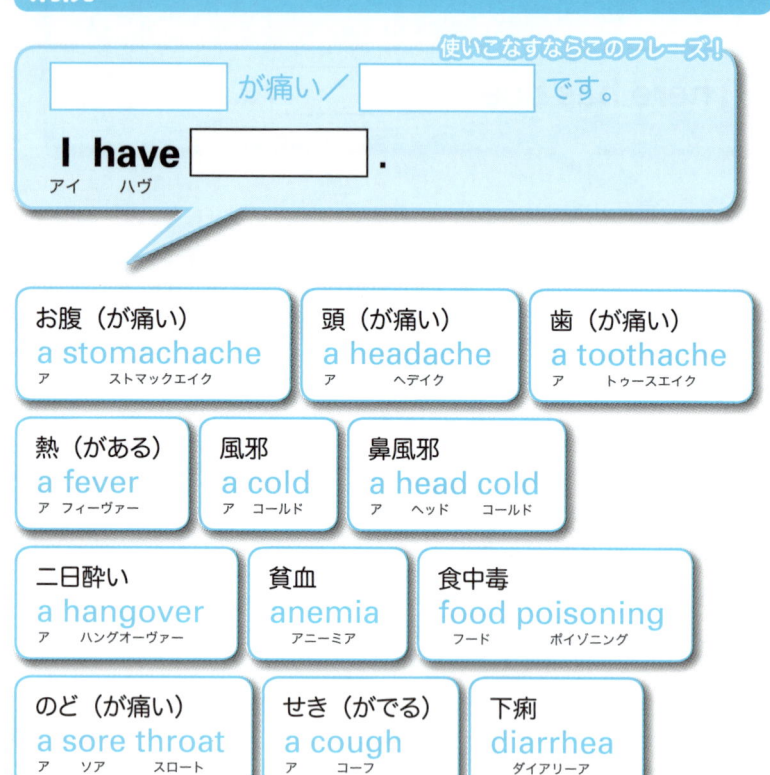

病院

使いこなすならこのフレーズ！

☐☐☐☐☐が痛い／☐☐☐☐☐です。

I have ☐☐☐☐☐ **.**
アイ　ハヴ

お腹（が痛い）	頭（が痛い）	歯（が痛い）
a stomachache	a headache	a toothache
ア　ストマックエイク	ア　ヘデイク	ア　トゥースエイク

熱（がある）	風邪	鼻風邪
a fever	a cold	a head cold
ア　フィーヴァー	ア　コールド	ア　ヘッド　コールド

二日酔い	貧血	食中毒
a hangover	anemia	food poisoning
ア　ハングオーヴァー	アニーミア	フード　ポイゾニング

のど（が痛い）	せき（がでる）	下痢
a sore throat	a cough	diarrhea
ア　ソア　スロート	ア　コーフ	ダイアリーア

指さしでカンタン！ SOS英単語集
使いこなすならこのフレーズ！

☐ がします。

I feel ☐ .
アイ フィール

めまい
dizzy
ディズィ

寒気
cold
コールド

鈍痛
a dull pain
ア ダル ペイン

ずきずきする痛み
a throbbing pain
ア スロビン ペイン

きりきりする痛み
a sharp pain
ア シャープ ペイン

ひりひりする感覚
a stinging sensation
ア スティンギン センセーション

むかむか
sick
スィック

吐き気
nauseated
ノーズィエイティッド

眠け
sleepy
スリーピィ

のどが渇く
thirsty
サースティ

使いこなすならこのフレーズ！

胃が ☐ （痛み）ます。

I have ☐ in the stomach.
アイ　ハヴ　　　　　　　　イン　ザ　ストマック

- きりきり痛み
  a stabbing pain
  ア　スタッビン　ペイン

- するどい痛み
  a acute pain
  ア　アキュート　ペイン

- 猛烈な痛み
  a raging pain
  ア　レイジン　ペイン

- 重い痛み
  a heavy pain
  ア　ヘビー　ペイン

- 締めつけられる痛み
  a griping pain
  ア　グリッピン　ペイン

- 刺し込まれた痛み
  a gnawing pain
  ア　ノウイン　ペイン

- 鈍い痛み
  a dull pain
  ア　ダル　ペイン

- 激痛
  a severe pain
  ア　シヴィア　ペイン

- 焼けるような感じ
  a burning sensation
  ア　バーニン　センセーション

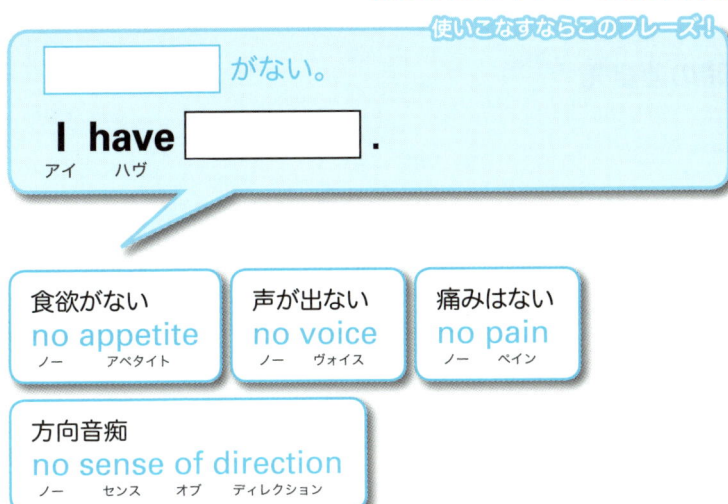

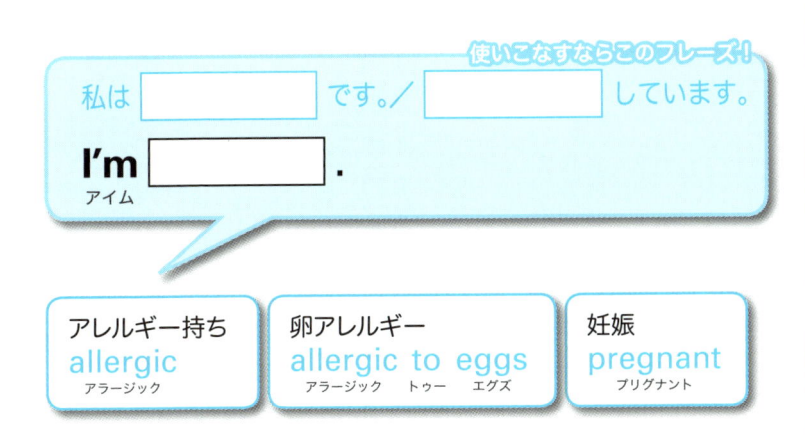

指さしでカンタン！ SOS英単語集

使いこなすならこのフレーズ！

☐ がない。

I have ☐ .
アイ　ハヴ

食欲がない
no appetite
ノー　　アペタイト

声が出ない
no voice
ノー　ヴォイス

痛みはない
no pain
ノー　ペイン

方向音痴
no sense of direction
ノー　センス　オブ　ディレクション

使いこなすならこのフレーズ！

私は ☐ です。／ ☐ しています。

I'm ☐ .
アイム

アレルギー持ち
allergic
アラージック

卵アレルギー
allergic to eggs
アラージック　トゥー　エグズ

妊娠
pregnant
プリグナント

緊急時の連絡先

国名	救急車	警察
アメリカ	911	911
ハワイ	911	911
カナダ	911	911
イギリス	999	999
オーストラリア	000	000
ニュージーランド	111	111
韓国	119	112
中国	120	110
香港	999	999
台湾	119	110
タイ	1669	191
インドネシア	118	110
マレーシア	999	999
シンガポール	995	999
ブラジル	192	190
フランス	15	17
スペイン	112	112
イタリア	113	112
ドイツ	112	110

在外公館リスト

欧州地域

在アイスランド大使館
354-5108600

在アイルランド大使館
353 (1) 2028300

在アゼルバイジャン大使館
994 (12) 4907818

在イタリア大使館
39 (06) 487991

在ミラノ総領事館
39 (02) 6241141

在ウクライナ大使館
380 (44) 4905500

在ウズベキスタン大使館
998 (71) 1208060

在英国大使館
44 (20) 74656500

在エディンバラ総領事館
44 (131) 2254777

在エストニア大使館
372 (6) 310531

在オーストリア大使館
43 (1) 531920

在オランダ大使館
31 (70) 3469544

在カザフスタン大使館
7 (7172) 977843

在ギリシャ大使館
30 (210) 6709900

在キルギス日本大使館
996 (312) 300050

在グルジア大使館
995 (32) 2752111

在クロアチア大使館
385 (1) 4870650

在スイス大使館
41 (31) 3002222

在ジュネーブ出張駐在官事務所
41 (22) 7169900

在スウェーデン大使館
46 (8) 57935300

在スペイン大使館
34 (91) 5907600

在バルセロナ総領事館
34 (93) 2803433

在ラスパルマス出張駐在官事務所
34 (928) 244012

在スロバキア大使館
421 (2) 59800100

在スロベニア大使館
386 (1) 2008281

在セルビア大使館
381 (11) 3012800

在タジキスタン大使館
992 (372) 213970

在チェコ大使館
420 (2) 57533546

在デンマーク大使館
45 (33) 113344

在ドイツ大使館
49 (30) 210940

在ハンブルク出張駐在官事務所
49 (40) 3330170

在デュッセルドルフ総領事館
49 (211) 164820

在フランクフルト総領事館
49 (69) 2385730

在ミュンヘン総領事館
49 (89) 4176040

在トルクメニスタン大使館
993 (12) 477081

在ノルウェー大使館
47-22012900

在バチカン大使館
39 (06) 6875828

在ハンガリー大使館
36 (1) 3983100

在フィンランド大使館
358 (9) 6860200

在フランス大使館
33 (1) 48886200

在ストラスブール総領事館
33 (3) 88528500

在マルセイユ総領事館
33 (4) 91168181

在リヨン出張駐在官事務所
33 (4) 37475500

在ブルガリア大使館
359 (2) 9712708

在ラトビア大使館
371-67812001

在リトアニア大使館
370 (5) 2310462

在ルクセンブルク大使館
352-4641511

在ルーマニア大使館
40 (21) 3191890

在ロシア大使館
7 (495) 2292550

在ウラジオストク総領事館
7 (4232) 620120

在サンクトペテルブルク総領事館
7 (812) 3141434

在ハバロフスク総領事館
7 (4212) 413044

在ユジノサハリンスク総領事館
7 (4242) 310101

アフリカ地域

在アルジェリア大使館
213 (21) 912004

在アンゴラ大使館
244 (222) 442007

在ウガンダ大使館
256 (41) 4349542

在エジプト大使館
20 (2) 25285910

在エチオピア大使館
251 (11) 5511088

在ガーナ大使館
233 (30) 2765060

在ガボン大使館
241 (01) 732297

在カメルーン大使館
237-22206202

在ギニア大使館
224-628683838

在ケニア大使館
254 (20) 2898000

在コートジボワール大使館
225-20212863

在コンゴ民主共和国大使館
243 (0) 815554731

在ザンビア大使館
260 (211) 251555

在ジブチ大使館
253 (21) 354981

在ジンバブエ大使館
263 (4) 250025

在スーダン大使館
249 (1) 83471601

在セネガル大使館
221-338495500

在タンザニア大使館
255 (22) 2115827

在チュニジア大使館
216 (71) 791251

在ナイジェリア大使館
234 (9) 4612713

在ブルキナファソ大使館
226-50376506

在ベナン大使館
229-21305986

在ボツワナ大使館
267 (391) 4456

在マダガスカル大使館
261 (0) 202249357

在マラウイ大使館
265 (1) 773529

在マリ大使館
223-20700150

在南アフリカ共和国大使館
27 (12) 4521500

在ケープタウン出張駐在官事務所
27 (21) 4251695

在南スーダン大使館
870-772543222

在モザンビーク大使館
258-21499819

在モーリタニア日本大使館
222-45250977

在モロッコ大使館
212 (537) 631782

在リビア大使館
218 (21) 4781041

在ルワンダ大使館
250 (0) 252500884

中東地域

在アフガニスタン大使館
870 (772) 254504

在アラブ首長国連邦大使館
971 (2) 4435696

在ドバイ総領事館
971 (4) 3319191

在イエメン大使館
967 (1) 423700

在イスラエル大使館
972 (3) 6957292

在ラマッラ出張駐在官事務所
972 (2) 2413120

在イラク大使館
870 (772) 543197

在イラン大使館
98 (21) 88717922

在オマーン大使館
968-24601028

在カタール大使館
974-44840888

在クウェート大使館
965-25309400

在サウジアラビア大使館
966 (1) 4881100

在ジッダ総領事館
966 (2) 6670676

在シリア大使館
963 (11) 3338273

在トルコ大使館
90 (312) 4460500

在イスタンブール総領事館
90 (212) 3174600

在バーレーン大使館
973-17716565

在ヨルダン大使館
962 (6) 5932005

在レバノン大使館
961 (1) 989751

北米地域

在アメリカ合衆国大使館
1 (202) 2386700

在アトランタ総領事館
1 (404) 2404300

在サンフランシスコ総領事館
1 (415) 7806000

在シアトル総領事館
1 (206) 6829107

在アンカレジ出張駐在官事務所
1 (907) 5628424

在ポートランド出張駐在官事務所
1 (503) 2211811

在シカゴ総領事館
1 (312) 2800400

在デトロイト総領事館
1 (313) 5670120

在デンバー総領事館
1 (303) 5341151

在ナッシュビル総領事館
1 (615) 3404300

在ニューヨーク総領事館
1 (212) 3718222

在ハガッニャ総領事館
1 (671) 6461290

在サイパン出張駐在官事務所
1 (670) 3237201

在ヒューストン総領事館
1 (713) 6522977

在ボストン総領事館
1 (617) 9739772

在ホノルル総領事館
1 (808) 5433111

在マイアミ総領事館
1 (305) 5309090

在ロサンゼルス総領事館
1 (213) 6176700

在カナダ大使館
1 (613) 2418541

在バンクーバー総領事館
1 (604) 6845868

在カルガリー総領事館
1 (403) 2940782

在トロント総領事館
1 (416) 3637038

在モントリオール総領事館
1 (514) 8663429

中南米地域

在アルゼンチン大使館
54 (11) 43188200

在ウルグアイ大使館
598 (2) 4187645

在エクアドル大使館
593 (2) 2278700

在エルサルバドル大使館
503-25281111

在キューバ大使館
53 (7) 2043355

在グアテマラ大使館
502-23827300

在コスタリカ大使館
506-22321255

在コロンビア大使館
57 (1) 3175001

在ジャマイカ大使館
1 (876) 9293338

在チリ大使館
56 (2) 22321807

在ドミニカ共和国大使館
1 (809) 5673365

電話のかけ方

●**日本からの通話** ※市外局番のない国もあります。
〇〇〇〇 〇〇 (〇〇) 〇〇〇〇〇〇
国際電話発信番号 国番号 市外局番 市内局番

●**市外からの通話**
(〇〇) 〇〇〇〇〇〇〇
市外局番 市内局番

●**市内からの通話**
多くは市内局番のみでつながります。

※最新の連絡先は外務省ホームページで確認してください。
http://www.mofa.go.jp/mofaj/annai/zaigai/index.html

在トリニダード・トバゴ大使館
1 (868) 6285991

在ニカラグア大使館
505-22668668

在ハイチ大使館
509-22565885

在パナマ大使館
507-2636155

在パラグアイ大使館
595 (21) 604616

在エンカルナシオン出張駐在官事務所
595 (71) 202287

在ブラジル大使館
55 (61) 34424200

在ベレン領事事務所
55 (91) 32493344

在レシフェ出張駐在官事務所
55 (81) 32070190

在クリチバ総領事館
55 (41) 33224919

在ポルトアレグレ出張駐在官事務所
55 (51) 33341299

在サンパウロ総領事館
55 (11) 32540100

在マナウス総領事館
55 (92) 32322000

在リオデジャネイロ総領事館
55 (21) 34619595

在ベネズエラ大使館
58 (212) 2623435

在ペルー大使館
51 (1) 2181130

在ボリビア大使館
591 (2) 2419110

在サンタクルス出張駐在官事務所
591 (3) 3331329

在ホンジュラス大使館
504-2365511

在メキシコ大使館
52 (55) 52110028

大洋州地域

在オーストラリア大使館
61 (2) 62733244

在シドニー総領事館
61 (2) 92501000

在パース総領事館
61 (8) 94801800

在ブリスベン総領事館
61 (7) 32215188

在ケアンズ出張駐在官事務所
61 (7) 40515177

在メルボルン総領事館
61 (3) 96794510

在ニュージーランド大使館
64 (4) 4731540

在クライストチャーチ出張駐在官事務所
64 (3) 3665680

在オークランド総領事館
64 (9) 3034106

在パプアニューギニア大使館
675-3211800

在パラオ大使館
680-4886455

在フィジー大使館
679-3304633

在マーシャル大使館
692-2477463

在ミクロネシア大使館
691-3205465

アジア地域

在インド大使館
91 (11) 26876564

在コルカタ総領事館
91 (33) 24211970

在チェンナイ総領事館
91 (44) 24323860

在ムンバイ総領事館
91 (22) 23517101

在バンガロール出張駐在官事務所
91 (80) 40649999

在インドネシア大使館
62 (21) 31924308

在スラバヤ総領事館
62 (31) 5030008

在デンパサール総領事館
62 (361) 227628

在メダン総領事館
62 (61) 4575193

在マカッサル出張駐在官事務所
62 (411) 871030

在カンボジア大使館
855 (23) 217161

在シンガポール大使館
65-62358855

在スリランカ大使館
94 (11) 2693831

在タイ大使館
66 (2) 696-3000

在チェンマイ総領事館
66 (53) 203367

在大韓民国大使館
82 (2) 21705200

在済州総領事館
82 (64) 7109500

在釜山総領事館
82 (51) 4655101

在中華人民共和国大使館
86 (10) 85319800

在重慶総領事館
86 (23) 63733585

在広州総領事館
86 (20) 83343009

在上海総領事館
86 (21) 52574766

在瀋陽総領事館
86 (24) 23227490

在青島総領事館
86 (532) 80900001

在大連出張駐在官事務所
86 (411) 83704077

在香港総領事館
852-25221184

在ネパール大使館
977 (1) 4426680

在パキスタン大使館
92 (51) 9072500

在カラチ総領事館
92 (21) 35220800

在バングラデシュ大使館
880 (2) 9840010

在東ティモール大使館
670-3323131

在フィリピン大使館
63 (2) 5515710

在セブ出張駐在官事務所
63 (32) 2317321

在ダバオ出張駐在官事務所
63 (82) 2213100

在ブルネイ大使館
673 (2) 229265

在ベトナム大使館
84 (4) 38463000

在ホーチミン総領事館
84 (8) 39333510

在マレーシア大使館
60 (3) 21772600

在ジョホール・バル出張駐在官事務所
60 (7) 2217621

在コタキナバル出張駐在官事務所
60 (88) 254169

在ペナン総領事館
60 (4) 2263030

在ミャンマー大使館
95 (1) 549644

在モンゴル大使館
976 (11) 320777

在ラオス大使館
856 (21) 414400

● 著者紹介
リサ・ヴォート（Lisa Vogt）
アメリカ・ワシントン州生まれ。メリーランド州立大学で日本研究準学士、経営学学士を、テンプル大学大学院にてTESOL（英語教育学）修士を修める。専門は英語教育、応用言語学。2007年から2010年までNHKラジオ「英語ものしり倶楽部」講師を務める。現在、明治大学特任教授、青山学院大学講師として教鞭を執りながら、異文化コミュニケーターとして新聞・雑誌のエッセイ執筆など幅広く活躍。一方、写真家として世界6大陸50カ国を旅する。最北地は北極圏でのシロクマ撮影でBBC賞受賞。最南地は南極大陸でのペンギン撮影。
著書『魔法のリスニング』『魔法の英語 耳づくり』『もっと魔法のリスニング』『魔法の英語なめらか口づくり』『超一流の英会話』『単語でカンタン！旅じょうず英会話』（Jリサーチ出版）ほか多数。

カバーデザイン	滝デザイン事務所
本文デザイン／DTP	朝日メディアインターナショナル
イラスト	田中斉
音声録音・編集	財団法人　英語教育協議会（ELEC）
CD制作	高速録音株式会社

単語でカンタン！SOS旅行英会話

平成26年（2014年）7月10日　初版第1刷発行

著　者	リサ・ヴォート
発行人	福田富与
発行所	有限会社　Jリサーチ出版
	〒166-0002　東京都杉並区高円寺北2-29-14-705
	電話 03（6808）8801（代）　FAX 03（5364）5310
	編集部 03（6808）8806
	http://www.jresearch.co.jp
印刷所	(株)シナノパブリッシングプレス

ISBN978-4-86392-193-1　禁無断転載。なお、乱丁・落丁はお取り替えいたします。
©2014 Lisa Vogt, All rights reserved.